AF462680

THÈQUE DE LA PAIX

…IÉE PAR LES SOINS DE LA

LIGUE INTERNATIONALE ET PERMANENTE DE LA PAIX

ONZIÈME LIVRAISON

UN MEETING A LONDRES

(AVANT LA GUERRE)

17 MAI 1870.

RAPPORTS ET DISCOURS

DE

MM. J.-W. PEASE, R[d] H RICHARD, ILLINGWORTH, CH. REED, *membres du Parlement*, R[d]. H. STOWELL. BROWN, D[r] ELLIS, FRÉDÉRIC PASSY, BABOU KESHUB SUNDER SEN, de Calcutta, ELIHU BURRITT, etc. suivis d'un aperçu de la *Réunion de la Société de la Paix universelle*, à NEW-YORK, et du *Militarisme* par le D[r] LŒWENTHAL, de Dresde.

PRIX : 50 CENTIMES

PARIS

PICHON ET Cie, 14, RUE CUJAS

ÉDITEURS DE LA BIBLIOTHÈQUE DE LA PAIX

GUILLAUMIN ET Cie, 14, RUE RICHELIEU

SECRÉTARIAT, RUE CUJAS, 14

La Ligue internationale de la Paix a été constituée le 3 ma 1867 par la DÉCLARATION suivante :

« Les soussignés, unis dans de mêmes sentiments de prévoyance, de justice et d'humanité ;

Considérant que la guerre et les animosités réciproques qu'elle engendre sont en contradiction même avec toutes les tendances de civilisation, et spécialement avec cet irrésistible mouvement qui, de plus en plus, rapproche les hommes par le travail ;

Convaincus que le véritable patriotisme, à mesure qu'il fait mieux sentir aux diverses nations le prix de leur propre indépendance, leur impose plus visiblement le devoir de s'abstenir de toute atteinte et de toute menace à l'indépendance des autres nations ;

Déclarant prendre ensemble la résolution de défendre et de propager, selon leurs forces, ces grands principes de respect mutuel qui doivent être désormais la charte commune du genre humain ;

Et dans cette intention ils se constituent, dès aujourd'hui, en Comité pour la formation d'une *ligue internationale et permanente de la paix ;*

Ils font avec confiance, pour le développement et le succès de cette œuvre, appel au concours de tous les hommes de bonne volonté de tous les pays. »

ALTGELD, conseiller intime de régence à Dusseldorff (Prusse).

ARLÈS DUFOUR, *vice-président.*

F. BARTHOLONY, président du Conseil d'administration du chemin de fer d'Orléans.

César CANTU, ancien député au Parlement italien.

Michel CHEVALIER, sénateur, membre de l'Institut, etc., *vice-président.*

Auguste COUVREUR, membre de la chambre des Représentants de Belgique, rédacteur de *l'Indépendance belge*

Jean DOLFUS, ancien maire de Mulhouse, *vice-président*

Joseph GARNIER, rédacteur en chef du *Journal des économistes*, professeur de l'Ecole impériale des ponts-et-chaussées, secrétaire du Congrès de la Paix en 1849.

A. GRATRY, prêtre de l'Oratoire, membre de l'Académie française.

Docteur HEDLUND, membre du Parlement suédois, rédacteur en chef du journal du *Commerce* à Gothembourg.

ISIDOR, grand rabbin du Consistoire central israélite.

Baron Justus DE LIEBIG, de Munich, *vice-président.*

Alfred H. LOVE, président de l'*Universel peace Society*, à Philadelphie.

NOTTELLE, commerçant.

PAILLOTET, ancien vice-président du Conseil des prudhommes.

Martin PASCHOUD, pasteur de l'Église réformée de Paris.

J.-M. PASTOR, sénateur, ancien ministre des finances, président de l'Association espagnole pour la réforme douanière, etc., *vice-président.*

Frédéric PASSY, *secrét.-général.*

PICTET DE SERGY, ancien conseiller d'Etat, président du Comité suisse.

R. Henri RICHARD, membre du Parlement, secrétaire de la Société de la Paix à Londres.

Charles SUMMER, membre du Sénat des Etats-Unis, à Boston, *vice-président.*

Docteur DE VERRENTRAPP, de Francfort.

Auguste VISSCHERS, membre du Conseil des mines de Belgique, président du Congrès de Bruxelles en 1848, vice-président du Congrès de Paris en 1849, etc., *vice-président.*

—

Voir a la fin la Circulaire du Comité.

BIBLIOTHÈQUE DE LA PAIX.

UN MEETING A LONDRES

ABBEVILLE. IMPRIMERIE BRIEZ, C. PAILLART ET RETAUX

C.

BIBLIOTHÈQUE DE LA PAIX

PUBLIÉE PAR LES SOINS DE LA

LIGUE INTERNATIONALE ET PERMANENTE DE LA PAIX

ONZIÈME LIVRAISON

UN

MEETING A LONDRES

(AVANT LA GUERRE)

17 MAI 1870.

RAPPORTS ET DISCOURS

DE

MM. J.-W. PEASE, Rd H RICHARD, ILLINGWORTH, CH. REED, *membres du Parlement*, Rd. H. STOWELL. BROWN, Dr ELLIS, FRÉDÉRIC PASSY, BABOU KESHUB SUNDER SEN, de Calcutta, ELIHU BURRITT, etc. suivis d'un aperçu de la *Réunion de la Société de la Paix universelle*, à NEW-YORK, et du *Militarisme* par le Dr LŒWENTHAL, de Dresde.

PRIX : 50 CENTIMES

PARIS

PICHON ET Cie, 14, RUE CUJAS
ÉDITEURS DE LA BIBLIOTHÈQUE DE LA PAIX
GUILLAUMIN ET Cie, 14, RUE RICHELIEU
SECRÉTARIAT, RUE CUJAS, 14

1872

AVANT-PROPOS

Le 17 mai avait lieu à Londres, dans la vaste chapelle de Finsbury, à peine assez grande pour contenir la foule qui s'y pressait, la cinquante-sixième assemblée publique annuelle de la Société de la Paix de cette ville. Invité à cette assemblée en qualité de secrétaire de la Ligue de la Paix, voici en quels termes, dès mon retour à Paris, j'ai cru devoir en rendre compte dans le *Journal des Économistes*.

« M. J. W. Pease, *membre du Parlement*, occupait le fauteuil, et, selon l'usage anglais en pareille circonstance, a prononcé quelques paroles fort justement applaudies.

« M. H. Richard, *membre du Parlement*, a fait, avec son talent habituel, le rapport annuel des travaux de la Société. Il a particulièrement insisté sur la nécessité du désarmement, et rendu compte de la mission accomplie par lui, dans les derniers mois de 1869, sur le continent, mission à la suite de laquelle, on le sait, diverses motions ont été faites, dans la plupart des Assemblées législatives d'Europe, contre le poids écrasant des dépenses militaires.

« M. Richard fait allusion aussi, avec une grande énergie, à la démoralisation qui est la conséquence nécessaire, fatale, de toute grande agglomération d'hommes enlevés à la famille et à leurs occupations naturelles. Cette question, disons-le en passant, est en ce moment en Angleterre l'objet des préoccupations universelles. Le Parlement en est saisi ; de nombreux meetings la discutent avec cette franchise et parfois cette crudité de langage dont nos voisins ne s'effarouchent pas ; et il est permis de penser qu'avant peu l'*agitation* contre l'*immoralité militaire* sera l'un des faits considérables de la vie publique en Angleterre.

« Un ministre de l'Évangile, le révérend Hugh Stowell Brown, a développé ensuite avec beaucoup de talent et de chaleur une résolution tendant à faire déclarer, entre autres choses, que « le devoir de tous ceux qui sont appelés à instruire la jeunesse, le devoir de tous les écrivains et de tous les journalistes, et tout particulièrement le devoir de tous les représentants d'une religion quelconque, est de travailler incessamment et par tous les moyens à faire pénétrer dans tous les esprits et dans tous les cœurs le sentiment de la *folie, de l'iniquité et de l'impiété de la guerre.* » Il est impossible de rendre l'accent avec lequel, en terminant, l'orateur s'est écrié qu'il se sentait honteux (*ashamed*), et pour le sacerdoce auquel il appartient et pour lui-même, à la pensée que ses collègues et lui ne sont pas toujours à la tête de ce mouvement.

« Je suis dissident, a-t-il dit ; mais je ne pense « pas que mon premier devoir soit de prêcher la « dissidence ; je suis calviniste, mais je ne pense « pas que mon premier devoir soit de prêcher le « calvinisme ; je suis trinitaire, mais je ne pense « pas que mon premier devoir soit de prêcher la « foi en la Trinité. Mon premier devoir, et le pre- « mier devoir de tout chrétien, quelque dénomi- « nation qu'il prenne, est de prêcher aux hommes « les sentiments qui sont le fond commun de « toutes les formes du christianisme ; je veux dire: « l'humanité, la justice, la patience, la sincérité, « l'amour pour tous les hommes et pour tous les « peuples. A cet égard, il n'y a pas de sectes, et il « ne saurait y avoir de distinction entre ceux qui

« à un degré quelconque se disent disciples du « Christ. »

« Après un discours, moitié anglais et moitié français, que le signataire de ces lignes a eu l'honneur ou l'embarras de faire, en qualité d'invité et de représentant des amis de la paix sur le continent, discours dont il ne lui appartient de parler que pour remercier ses hôtes de leur patience à écouter un langage tantôt étranger et tantôt étrange ; un Hindou, le babou Keshub Chunder Sen, a pris la parole.

« C'est un homme jeune (35 ans au plus), d'un extérieur charmant et grave, que font ressortir encore la beauté de son teint bronzé, l'élégance sévère de son costume, et le son vraiment musical de sa voix. Il a développé dans un anglais d'une pureté et d'un accent irréprochables d'excellentes idées : il a protesté contre la guerre au nom de sa race, au nom de sa religion, au nom de la fraternité humaine dont sa présence était un gage. Et, après avoir cité, ou plus exactement chanté, dans sa langue maternelle, un admirable verset sanscrit sur le pardon et la douceur, il a conclu en disant qu'il en appelait *à tous ses frères* d'Angleterre, qu'il en appelait à la France, à l'Allemagne, à l'Italie, et à tous les gouvernements du continent.

« J'en appelle, a-t-il ajouté, à tous les hommes d'État dignes de ce nom, aux philanthropes, aux éducateurs, aux maîtres des écoles du dimanche, aux prédicateurs, aux réformateurs et aux hommes de cœur de toute classe, de toute nation : j'en appelle à eux, moi, humble représentant d'une lointaine et malheureuse race, en les conjurant d'unir tous nos efforts pour porter le dernier coup au démon de la guerre. » — De longs applaudissements suivent ce discours ; une véritable ovation est faite à l'éloquent Hindou.

« Bien différent, mais non moins applaudi, est l'orateur qui lui succède. C'est le vieil apôtre américain de la paix, l'ancien forgeron, aujourd'hui consul d'Amérique à Birmingham et sur le point de quitter ce poste pour retourner dans son pays. J'ai tort d'appeler M. Élihu Burritt un orateur ; car il n'a rien de ce qui constitue l'orateur, tel que nous le comprenons d'ordinaire, pas plus que son encolure ne rappelle la rude carrure de nos modernes cyclopes. Sa voix est faible, peu vibrante ; et souvent la fatigue l'oblige à s'interrompre. Lui-même, en réclamant par moments l'attention, déclare qu'il est littéralement épuisé (*exhausted*). Il paraît, en effet, plus âgé qu'il n'est, et toute sa personne porte l'empreinte de l'excessif labeur (labeur de la main aussi bien que de la tête), dont a été constamment remplie cette existence étrange et admirable. M. Burritt a pu dire, en parlant de la trop fréquente indifférence des ouvriers pour leurs plus vrais intérêts, qu'il se sentait le droit de parler comme ouvrier : « car c'est sans rougir, a-t-il ajouté, ce serait plutôt avec fierté, que je rappelle qu'aucun homme peut-être, sur l'un ou l'autre rivage de l'Atlantique, n'a plus durement travaillé de ses mains que je ne l'ai fait pendant les deux tiers de ma vie. »

« Et les hommes d'étude savent, de leur côté, et l'on pouvait s'en apercevoir en l'écoutant, qu'il n'est guère d'homme non plus, ni en Amérique ni en Europe, dont la tête ait fait plus de besogne et soit mieux garnie que la sienne. A cause de tout cela, sans doute, et à cause surtout de la foi ardente qui respire dans toute sa personne, la parole de M. Burritt a une action particulière. Tout au moins puis-je assurer qu'il en a été ainsi le 17 mai, et que son discours a produit un effet extraordinaire. Ce discours est trop long et trop nourri pour être analysé ici. J'en indiquerai seulement un point qui a beaucoup frappé. L'orateur, passant en revue toutes les grandes œuvres de la période décennale qui vient de finir, avait fait observer que toutes ces œuvres ont un caractère commun, le caractère international.

« Elles ont un autre caractère, dit-il ensuite : « c'est que toutes, depuis les grands chemins de « fer, ou percements d'isthmes, jusqu'à la Cour ou « Tribunal international récemment institué en « Égypte, sont le résultat de l'initiative indivi- « duelle.

« N'y a-t-il pas là de quoi faire réfléchir et trop « souvent rougir les gouvernements ? En vérité, « si ma faible voix pouvait parvenir jusqu'à leurs « oreilles, je leur dirais : Voyez toutes ces grandes « choses entreprises et accomplies, en si peu de « temps, par des forces individuelles ; et après cela « regardez ces milliers et ces millions d'hommes « commis à vos soins qui succombent sous le « poids de la pauvreté, de la misère, de l'igno- « rance et du vice. Et pourquoi ? à cause de vos « folles rivalités, à cause de votre stupide et cou- « pable système de *paix armée*, dont le poids ne « fait que s'accroître comme pour neutraliser à « plaisir tant d'intelligents efforts, tant d'admi- « rables progrès du travail et de l'activité hu- « maine. N'est-il pas temps que vous fassiez « quelque chose à votre tour pour le bonheur de « l'humanité ? Si de simples particuliers ont pu

« s'entendre pour former en Égypte une Haute-« Cour d'appel, ne pouvez-vous, vous grands gou-« vernements du monde civilisé, vous entendre « pour former une Haute-Cour des nations, qui « rendrait enfin la guerre impossible ; je dis plus, « qui proclamerait la déchéance de votre vieux « système d'équilibre armé comme un anachro-« nisme, une folie, un crime et une honte ? »

« Et montrant les milliers de pauvres âmes écrasées sous le faix qui, à la seule nouvelle d'une réduction de quelques dizaines de millions dans les charges publiques « croiraient voir *le millenium* en personne frapper à la porte ; » il a insisté sur la responsabilité écrasante qui pèse à cet égard sur tous les hommes qui ont, en quelque degré, part à la direction des affaires générales et montré l'urgence, l'urgence absolue, pour tout gouvernement qui n'a pas entièrement perdu le sens de son intérêt et le sens de son devoir, de mettre enfin résolûment la main à cette grande œuvre internationale. Comme conclusion pratique, M. Burritt a formulé le vœu de voir renouveler partout, et porter tout spécialement devant le Parlement anglais, dans la session actuelle, une proposition formelle à cet égard.

« Ce vœu, présenté, selon l'usage, sous forme de

résolution, et selon l'usage aussi, soutenu par un autre orateur, M. Illingworth, *membre du Parlement*, qui a insisté surtout sur la décisive influence de l'opinion publique, a été adopté par acclamation.

« M. Ch. Reed, également *membre du Parlement*, après s'y être associé en quelques mots pleins de vigueur, a gracieusement terminé la séance en engageant les auditeurs à emporter dans leur cœur, pour les y peser comme elles le méritaient, tant de paroles *admirables de sagesse et brûlantes d'amour*.

« La France, a-t-il dit, nous a envoyé un mes-
« sage et nous l'en remerçions. L'Inde, à son tour,
« s'est fait représenter parmi nous ; et qui donc,
« en écoutant ces nobles accents, oserait encore
« parler de la dégradation fatale de la race hindoue?
« Et quant à ce digne fils de l'Amérique, prêt à
« nous quitter pour retourner parmi les siens,
« qu'il reporte bien là-bas ce qu'il a vu et entendu
« ici, et qu'il donne de notre part à nos frères
« d'outre-mer l'assurance de la ferme, de l'invin-
« cible résolution qui est dans tous les cœurs an-
« glais de ne nous laisser, sous aucun prétexte, em-
« barquer dans une querelle avec le peuple amé-
« ricain.

« Des remerciements ont été ensuite, comme c'était justice, votés au président ; et l'Assemblée, vers dix heures du soir, s'est retirée.

« Dès le lendemain 18, les journaux de Londres racontaient ce meeting. Le *Non Conformist*, en attendant le journal spécial de la Société de *la Paix*, le *Herald of Peace*, qui ne paraît que le 1er de chaque mois, en donnait la reproduction presque complète. C'est cette reproduction qui, en me permettant de contrôler et parfois de compléter mes souvenirs, m'a servi à faire, à mon retour en France, cet insuffisant, mais exact, et je l'espère intéressant compte-rendu.

Ce compte-rendu a paru, en effet, assez intéressant pour que beaucoup de journaux crussent à propos d'en occuper leurs lecteurs. Plusieurs même, parmi lesquels nous citerons l'*Écho Nantais*, l'*Union libérale et démocratique* de Seine-et-Oise, *la Gironde*, *la Province de Nice* etc. lui ont fait l'honneur de le reproduire *in extenso*.

Je le reproduis à mon tour, en tête de cette *onzième livraison de la* Bibliothèque de la Paix, comme la plus naturelle introduction à une publication dont il est le point de départ.

C'est cette analyse, en effet, et ce que j'ai eu

verbalement l'occasion d'y ajouter sur la demande de mes collègues, qui a inspiré au comité de la LIGUE INTERNATIONALE ET PERMANENTE DE LA PAIX le désir de faire traduire et imprimer, pour les mettre entre les mains du public français, tous les documents relatifs à l'assemblée du 17 mai. Cette résolution, ainsi que j'ai eu l'honneur de le dire, au nom du Comité, dans une circulaire récente, a paru d'autant plus à propos que, la *troisième assemblée générale de la Ligue de la Paix* se trouvant, au grand regret de tous, ajournée par des circonstances de force majeure jusqu'à l'automne, il importait de saisir la première occasion de donner, sur l'état de la question et sur les résultats des efforts des amis de la Paix en Europe, des renseignements précis et autorisés. La publication du Meeting de Londres, en même temps qu'elle satisfait à ce besoin, a un caractère d'originalité qui, nous le pensons, sera de nature à piquer la curiosité d'une autre partie du public que nos lecteurs habituels. A ce point de vue encore, elle a son utilité; et l'on ne s'étonnera pas que nous ayons laissé, autant que nous l'avons pu, aux documents leur saveur et leur accent natifs. A supposer même, ce qui est vrai peut-être, que, sur tel ou tel point, les idées exprimées par nos amis, ou les arguments invoqués par eux, nous eussent paru ou quelque peu excessifs, ou trop en dehors des habitudes de l'esprit français, voire même parfois de nature à heurter les sentiments de quelques-uns de nos amis ou les nôtres; nous aurions cru de notre devoir d'en respecter l'expression : d'abord parce qu'il importe, pour servir une cause, de bien connaître les auxiliaires et les ressources sur lesquels on est en droit de compter; et aussi parce qu'il est bon, quoi qu'en pense parfois la vanité nationale, de s'accoutumer à comprendre d'autres points de vue que ceux avec lesquels on est familiarisé. On peut détester la guerre pour bien des raisons, et la combattre par bien des arguments. Le devoir du véritable serviteur de la paix n'est-il pas de les connaître tous, au lieu de fermer systématiquement ses yeux et ses oreilles à tout ce qui n'est pas de son goût; tout comme le devoir du politique digne de ce nom est de tenir compte, dans ses prévisions et dans ses actes, de toutes les forces et de tous les sentiments en jeu, de ceux qu'il déplore aussi bien que de ceux qui lui agréent?

Ce que nous disons du *Meeting* de Londres, nous le disons pareillement, et à plus forte raison, des autres documents que nous publions à sa suite

Nous avons eu en effet cette bonne fortune, qu'au même moment, pour ainsi dire, des manifestations fort diverses en la forme, mais analogues par leur but, se produisaient sur divers points de l'Europe et de l'Amérique. Le 26 mai, c'est-à-dire quelques jours à peine après la réunion à laquelle il nous a été donné d'assister, une autre réunion, à laquelle nous avions été également invité, se tenait à New-York, par les soins de la *Société de la Paix universelle* de Philadelphie; tandis qu'à Dresde, par les soins du docteur Lœwenthal, une *Union de Paix et de Désarmement* faisait un énergique appel au public allemand. Nous donnons, d'après le *New-York Times,* un aperçu des séances de la Société Américaine; et nous faisons connaître, par celles de ses parties qui ne sont pas exclusivement destinées au public allemand, la brochure du Dr Lœwenthal sur le *Militarisme*, dans laquelle sont exposées les idées dont il se fait l'organe. Entre les deux, on le verra, les différences sont grandes; et plus grande encore, nous le répétons, est la différence avec ce qui se dit et s'écrit en France. Mais partout, à travers les diversités de ton, un même sentiment se fait jour avec une force égale : la haine de la guerre, l'horreur de la violence, et la réprobation à la fois raisonnée et instinctive du système d'armement à outrance qui écrase le présent et compromet l'avenir. Il nous a paru bon, puisque c'est sur l'opinion et sur elle seule que nous comptons, de grouper ici, comme en un faisceau, ces expressions non concertées de la répulsion croissante de l'opinion pour les vieux et trompeurs errements de la force brutale. Nous continuerons, et cela ne sera pas difficile, à faire ainsi, de temps à autre, le dossier de ce grand procès dans lequel sont en jeu la liberté, l'honneur et la prospérité du monde moderne; et l'on verra, sans que nous ayons besoin de conclure, ce qu'on pense, ce qu'on dit et ce qu'on veut — de cette volonté forte à laquelle rien ne résiste, — en Angleterre, en Amérique, en Allemagne et ailleurs aussi bien qu'en France.

P. S. — Depuis que ces pages, retardées par la désorganisation des ateliers, ont été livrées à l'imprimeur, des faits nouveaux et bien douloureusement contraires à nos vœux, se sont produits. Ils ne rendent pas moins utile, assurément, la publication de ce volume. Mais ils appellent, comme expression de nos sentiments et de nos efforts, l'addition de documents nouveaux. On les trouvera à la fin du volume.

Frédéric PASSY.

UN MEETING A LONDRES

56e ASSEMBLÉE PUBLIQUE ANNUELLE DE LA SOCIÉTÉ DE LA PAIX

Le *Herald of Peace* (Héraut ou Messager de la Paix) organe spécial de la *Société de la Paix*, fait précéder le compte-rendu de la réunion des réflexions suivantes; nous avons pensé que le lecteur les verrait avec plaisir, quoiqu'elles fassent jusqu'à un certain point double emploi avec l'analyse contenue dans notre *avant-propos*, comme échantillon de la manière de nos voisins, et comme expression spontanée de leurs sentiments :

« Londres, 1er juin 1870.

L'assemblée annuelle de la *Société de la Paix* a offert cette année un intérêt tout particulier. On s'y attendait du reste, témoin la foule énorme qui se pressait dans la chapelle de Finsbury devenue, malgré ses vastes dimensions, tout à fait insuffisante pour la circonstance.

Cette affluence plus grande encore que de coutume doit être attribuée en partie au désir éprouvé tant par les membres de la Société que par le public en général d'entendre le rapport du Secrétaire de la Société. On savait que M. Richard avait dans le courant de l'année rempli sur le continent une mission pacifique des plus intéressantes et féconde en résultats pratiques, et l'on s'attendait à ce qu'il en rendît compte à la réunion. Le nombre et l'importance des orateurs inscrits n'ont pas permis à M. Richard d'entrer à cet égard dans tous les détails désirés et de faire connaître toutes les circonstances de ses entrevues et entretiens avec les personnages distingués qu'il a eu l'honneur de rencontrer dans son voyage. Mais, si succinct qu'ait été son compte-rendu, on ne peut douter qu'il n'ait donné aux auditeurs une idée satisfaisante de l'utilité comme des difficultés de l'œuvre qu'il avait entreprise, des heureux résultats qui ont suivi et qui suivront encore ses travaux (1). L'allocution (*speech*) du président a été tout ce qu'elle pouvait être, bien pensée, bien écrite, bien dite : beaucoup de cœurs ont tressailli de joie en voyant

1. Le rapport écrit de M. H. Richard, dont le rapport verbal n'a été qu'un résumé, contient beaucoup plus de développement. Nous le donnons plus loin.

se confirmer d'une manière si admirable la parole du prophète : « Tes enfants s'élèveront au lieu de tes pères, ou, en modifiant cette citation pour la circonstance, tes enfants s'élèveront avec tes pères (1). »

Nous avons en effet la satisfaction d'apprendre que l'honorable Président de la Société, quoique empêché désormais de paraître en public, (2) conserve la plénitude de ses éclatantes facultés, et porte à nos travaux un intérêt aussi sérieux, aussi soutenu que jamais.

Mais une autre circonstance encore contribuait à l'intérêt particulier de la réunion: c'était la présence au milieu de nous d'hommes distingués, qui représentaient dignement l'Europe, l'Amérique et l'Inde , et donnaient ainsi à notre assemblée le caractère d'une éclatante démonstration internationale. Nous avons été, il est vrai, désappointés dans notre espoir de voir M. Martin Paschoud qui devait accompagner M. Frédéric Passy, comme délégué avec lui par la *Ligue de la Paix* de Paris. Nous avons vivement regretté son absence, car notre sainte cause ne saurait avoir un ami plus

1. Ceci est une allusion au psaume 45, v. 17. M. J. W. Pease, membre du Parlement, président de la réunion, est le fils de M Pease, président de la société.

L'idée est sans doute que la bénédiction de Dieu sera sur les enfants comme sur les pères, sur l'avenir de la société, comme sur son passé ! (*Note du traducteur.*)

2 M. Pease père était au fauteuil de la réunion privée du matin.

fidèle et plus vaillant que l'éloquent pasteur français. Mais l'apparition de M. Passy, *Secrétaire* de la *Ligue de la Paix*, a été saluée avec une joie extrême par cette grande assemblée dans laquelle des centaines de personnes connaissaient déjà son nom, sa réputation et ses travaux. Beaucoup ont éprouvé une surprise agréable en l'entendant s'exprimer comme il l'a fait en anglais, bien que, naturellement, son éloquence se soit déployée plus à l'aise quand il a repris l'usage de sa langue maternelle. L'impression produite sur l'assemblée par son discours a été des plus bienfaisantes. Espérons que les anniversaires de la *Société de la Paix* deviendront de plus en plus ce qu'ils doivent être en effet, des rendez-vous où les hommes de toutes nations confondront leurs sympathies et leurs aspirations pour le bien commun de l'humanité.

Le discours du grand réformateur Hindou n'a pas été moins remarquable par le sentiment chrétien qui l'animait que par la perfection avec laquelle l'orateur manie la langue anglaise. C'est certainement un spectacle surprenant que d'entendre un Hindou exprimer dans un temple chrétien son étonnement et sa douleur de voir des chrétiens, des disciples, disait-il, du *Prince de la Paix*, employer tous leurs talents et réunir tous leurs efforts, pour forger des armes de carnage.

Quant à notre vieil ami, M. Elihu Barritt, sa présence sur l'estrade faisait pour ainsi dire revivre le passé. Plusieurs d'entre nous se plaisaient à se rappeler à cette occasion les combats que, depuis de longues années, ils avaient livrés pour cette sainte cause de la « guerre contre la guerre. » Tous étaient heureux de constater, en écoutant ce discours considérable auquel un immense auditoire prêtait la plus religieuse attention, que, si les forces physiques de notre ami ne sont malheureusement plus les mêmes, son intelligence est aussi vigoureuse, et son cœur aussi chaud que jamais.

Après cette introduction vient le compte-rendu proprement dit. Nous le donnons textuellement.

ASSEMBLÉE ANNUELLE DE LA SOCIÉTÉ DE LA PAIX.

Le *meeting* annuel a présenté cette année un intérêt inaccoutumé, et réuni un auditoire plus nombreux qu'on ne l'avait jamais vu en pareille occasion. La vaste chapelle de Finsbury était plus que comble; les galeries supérieures, les corridors, les salles adjacentes, tout était rempli d'auditeurs attentifs, et nombre de personnes durent se retirer sans avoir trouvé de place.

M. JOSEPH WHITWELL PEASE M. P. (1) occupait le fauteuil. Sur la plate-forme ou tout autour se trouvaient Mr Ch. Reed, M. P., Mr Alfred Illingworth, M. P., Mr. Henry Richard, M P. (Secrétaire) M. Frédéric Passy (Secrétaire de la Ligue à Paris), Babou Keshub Chunder Sen, de Calcutta, le Révd. Hugh Stowell Brown, de Liverpool, Mr. Elihu Burritt. Mr. Henry Pease, le Révd. Thomas Binney, le Révd. Gordon Calthorpe, le Révd. A. Macauslane, le Dr. Ellis, Mr. Samuel Bowly, Mr. Richard Allen, de Dublin, Mr. Robert Alsop. Mr. H.

1, M. P., abréviation pour membre du Parlement

R. Ellington, Mr. Joseph Cooper, Mr. T. B. Smithies (Éditeur du "British Workman"), le Révd. Dr. Macaulay (de la Société des traités religieux), Mr. G. S. Gibson, le Révd. William Tyler, Mr. Joseph Beck, Mr. William Brewin, Mr. William Ecroyd, Mr. William Rowntree, Mr. Edmund Sturge, Mr. William Holmes, Mr. H. S. Newman, Rev. Arthur Mursell, Mr. Frederic Wheeler, Mr. William Tallack, Mr. William Gray, Mr. Alexander Allen, de Dublin, Mr. Hudson Scott, Mr. John Taylor, M. Lewis Appleton, Mr. James Boorne, M. W. E. Corner, Mr. E. Corner M. R. D. Catchpool, et beaucoup d'autres amis de la cause.

M. Martin Paschoud avait dû accompagner M. Passy, comme représentant avec lui la Ligne de la Paix de Paris, mais il en avait été empêché par des circonstances imprévues. Voici la lettre écrite par lui à notre secrétaire.

« Mon cher collègue. Il m'est impossible d'assister à votre assemblée, malgré le vif désir que j'en éprouve et la résolution que j'avais prise de parler à votre réunion du matin aussi. Des affaires ecclésiastiques de la dernière importance m'empêchent, à mon vif regret, d'avoir le plaisir d'être au milieu de nos amis. En hâte, votre désappointé mais affectionné collègue et frère,

Signé : MARTIN PASCHOUD.

Paris, 16 Mai.

M. Richard, pour ne pas allonger la séance par la lecture complète du rapport annuel, donne un résumé verbal des faits de l'année consignés dans ce travail, lu le matin au bureau de la société et approuvé par lui(1). Ce document constate que l'action de la société pendant l'année écoulée peut se diviser en deux grandes branches : l'une comprenant ce qui a été fait dans le pays, l'autre ce qui a été fait à l'étranger. Dans le pays, trois orateurs ont été occupés pendant la plus grande partie de l'année à tenir des meetings et à prononcer des discours dans différentes localités. Ce sont M. William Stokes dans le Nord, M. Arthur O'Neill dans les comtés du centre, et M. W. H. Bonnet dans l'Ouest ; ce dernier a été enlevé presque soudainement au milieu de ses travaux, dans le Devonshire. En tout, il y a eu plus de 260 meetings et discours ; et les divers aspects de la question de la paix, religion, morale, économie et politique, ont été présentés tour à tour à des milliers de nos concitoyens. Le journal de la société le *Hérald of Peace* a été plus répandu que jamais, surtout sur le continent. Un grand nombre de brochures, de feuilles volantes et d'autres publications ont été livrées à la circulation. Mais on a surtout fait usage de la presse en donnant aux journaux et

1. On en trouvera plus loin la reproduction à peu près intégrale

aux divers organes périodiques de ce pays des faits, des chiffres et des arguments sur les questions de paix et de guerre. Il est à la connaissance du comité, que plus de 250 feuilles ont plus ou moins souvent ouvert leurs colonnes à ces communications; et elles ont certainement été reproduites par un nombre considérable d'autres sans que nous le sachions. On peut donc dire que le sujet, dans tous ses aspects, a été porté à la connaissance de millions de lecteurs. Le comité exprime cordialement sa reconnaissance aux directeurs et rédacteurs de tous les journaux qui ont prêté leurs précieux concours à la diffusion des sentiments pacifiques.

La société a travaillé aussi sur le continent. Par l'ordre du comité, le secrétaire a visité, l'automne dernier, plusieurs des grandes capitales de l'Europe, notamment Paris, Bruxelles,La Haye, Berlin, Munich, Vienne et Florence, en vue de conférer avec les membres des diverses assemblées de l'Europe, sur l'opportunité de mettre à l'ordre du jour de ces assemblées le *désarmement général et simultané*. Ce projet a été reçu très-favorablement,et, depuis la visite de M. Richard, une motion en faveur du désarmement a été soumise aux chambres des représentants de Prusse, de Saxe et d'Autriche, et, sous d'autres formes, la question des armements a été portée aussi devant les chambres de Belgique, de Bavière et de Wurtemberg. Une motion semblable aurait été certainement soumise au corps législatif de France, sans les circonstances politiques particulières qui ont agité ce pays depuis six mois. On est aussi en droit de compter qu'un membre très-respecté de la Chambre des communes posera, pendant le cours de la présente session, cette même question devant le Parlement anglais. Beaucoup des publications de la société ont été envoyées sur le continent et ont trouvé place dans les journaux de différents pays, tels que la France, la Bavière, la Saxe, la Hollande, l'Espagne, etc.

Le comité a aussi envoyé des exemplaires de l'important ouvrage de Laroque, « *De la guerre et des armées permanentes* » à quatre-vingts membres au moins des assemblées législatives et aux rédacteurs ou directeurs de publications périodiques dans divers pays de l'Europe. Faisant allusion à la France, M. Richard constate que le désir d'un désarmement général a largement pris possession de l'esprit public, dans ce pays, et qu'aux dernières élections, tous les candidats libéraux ont senti la nécessité de se prononcer dans leurs circulaires, soit pour une réduction des dépenses militaires, soit même pour l'abolition totale des armées permanentes, et de demander que le droit de paix et de guerre fût transféré du pouvoir exécutif à la représentation nationale. Si ce sujet n'a pas été traité directement par le corps législatif, cela tient encore une fois aux circonstances exceptionnelles que la France a traversées depuis six mois. M. Richard lit ensuite la fin de son rapport qui exprime une entière confiance dans le succès final de la cause de la Paix, quels que soient les obstacles formidables dont il s'agit de triompher ; et il termine par ces paroles de lord Palmerston, qui malheureusement n'a pas toujours si bien parlé. « *L'opinion est plus forte que les armées. L'opinion*, quand elle s'appuie sur la vérité et sur la justice, prévaut à la fin contre les baïonnettes et contre l'infanterie, contre le feu de l'artillerie et contre les charges de la cavalerie. »

Après ce résumé si substantiel, dans sa brièveté, et dont cette pâle esquisse ne peut rendre l'accent énergique et pénétrant, le Président adresse lui-même la parole à l'assemblée.

M. J. W. Pease, M. P., dit qu'il comprend bien que, si on l'a appelé à l'honneur de la présidence, c'était pour donner une marque de respect à son père, le président de la Société *(applaudissements)*, et qu'il doit être doublement sensible à cet hommage. En même temps, il est sûr d'exciter les sympathiques regrets de tous ses auditeurs en annonçant que cette voix qui a été si souvent applaudie sur ce sujet et sur des sujets analogues ne se fera plus probablement entendre en public. Toutefois il espère que la vie de son père sera longtemps encore conservée à sa famille et à ses amis *(applaudissements)*. M. J. W. Pease regarde les meetings annuels qui ont lieu à Londres à cette époque de l'année comme des occasions où l'on dresse devant le public le bilan de ces nombreuses institutions qui font un si grand bien dans le pays. Le rapport que l'on vient de lire offre une preuve convaincante que la Société de la Paix, quoique une des moins grandes parmi ces institutions, n'a pas perdu son temps et qu'elle a le bonheur de posséder pour Secrétaire un homme aussi zélé que méritant *(applaudissements)*. Quels sont, ajoute-t-il, les signes des temps qui nous encouragent quand nous regardons vers l'avenir ? Si le pays de Galles a choisi pour son représentant M. Richard de préférence à un homme aussi honorable que M. Bruce de Merthyr Tydvil, n'est-ce pas une marque d'attachement aux principes de paix ? Un autre signe du progrès que font ces idées, c'est la conduite des États-Unis : tout en ressentant vivement les pertes que leur a fait subir l'*Alabama*, ils ont presque oublié et pardonné les griefs qu'ils avaient contre notre pays. En tout cas, s'ils n'ont pas réussi à faire triompher leurs vues sur ce sujet, ils sont du moins restés en repos, et ont en cela donné à l'Europe le plus glorieux exemple. L'allusion faite par S. M. la Reine, dans le discours qu'elle a prononcé à l'ouverture du Parlement, aux relations pacifiques de l'Angleterre avec les autres pays, est un autre sujet de joie pour ceux qui tiennent à voir la paix s'étendre sur tout le monde. C'est une déclaration de la politique qu'entend suivre le Cabinet le plus fort que l'Angleterre ait jamais eu ; et elle montre que le pays est ardemment désireux de maintenir la paix en Europe, et de vider les querelles par voie d'arbitrage, plutôt que par le recours à la vieille méthode de la guerre. Dans le débat qui a eu lieu à la Chambre des Communes, à propos du Traité français, on s'est attaché de tous les côtés à relever avec insistance les effets que ce traité pourrait avoir en amenant les relations les plus cordiales entre l'Angleterre et la France. Un autre sujet de félicitations est de voir enfin l'Angleterre retirer ses troupes de ses colonies. Il a semblé absurde d'envoyer indéfiniment au loin de petits corps de troupes pour soutenir la grandeur et l'honneur de l'Angleterre. Les colonies sont aujourd'hui placées sous la sauvegarde de l'honneur des peuples, et l'orateur pense que cet honneur est pour elles une protection suffisante *(écoutez, écoutez)*. Un autre article de son inventaire est le discours prononcé par sir William Armstrong, à Newcastle, l'automne dernier, exprimant le ferme espoir que le temps arrive rapidement, où les nations civilisées abandonneront le jugement des armes, et règleront leurs différends par des méthodes rationnelles et pacifiques. Les arguments en faveur de cette politique n'ont certes pas été affaiblis par notre expérience de la guerre. Nous avons eu récemment une petite guerre qui devait, disait-on, coûter au pays 87 millions de francs (en réalité, nous avons appris l'autre jour que nous avions à payer 215 millions), pour ramener quinze ou seize hommes d'Abyssinie. Je ne blâme pas le gouver nement, dit M. Pease, pour avoir fait cette guerre, mais je blâme le peuple de permettre une telle dépense. Je pense que si l'on avait fait un contrat avec une maison quelconque de Londres, elle aurait ramené ces prisonniers sains et saufs pour la dixième partie de ces dépenses *(applaudissements et rires)*. En 1854 nous avons consacré plus de 400 millions de francs à l'armée et à la marine. Je ne veux rien dire de la guerre de Crimée, car tous savent quelles lourdes dépenses elle a entraînées, et combien peu d'honneur la nation en a retiré. En 1855, le budget était, de ce chef, de 625 millions de francs, et il s'est maintenu à cette hauteur pendant les années suivantes, jusqu'à la réduction qui vient d'avoir lieu récemment, et qui laisse encore le budget plus élevé de 150 millions qu'il ne l'était en 1854. Je suis très-reconnaissant au gouvernement de cette réduction de 125 millions effectuée en deux ans : mais je pense que 200 ou 250 millions pourraient encore en être retranchés sans inconvénient *(écoutez, écoutez)*. Un volume très-instructif, récemment publié en France d'après des documents authentiques [1], fait connaître ce que les dernières guerres ont coûté au monde en fait de vies humaines. D'après les données que l'on y trouve, la guerre de Crimée a coûté 784,900 vies ; la guerre d'Italie, en 1858, 45,000 ; celle du Schleswig-Holstein, 3,500 ; la guerre d'Amérique, 800,000 ; celle de Sadowa, 45,000 ; celles du Mexique et de la Chine, 65,000 : total, entre 1853 et 1866, 1,750,000 vies humaines. Or, tous ces hommes sacrifiés à la guerre étaient dans la fleur de l'âge, en état de rendre d'utiles services à leur pays. Outre ceux qui ont été tués, il y a les blessés, les impotents, les aveugles que la guerre a laissés dans tous les pays de l'Europe. Tels sont les effets de treize ans de guerre dans notre dix-neuvième siècle. Telles sont aussi les choses que la *Société de la Paix* s'est efforcée de mettre sous les yeux de l'Europe et du monde en montrant que ces dépenses sont non-seulement onéreuses, mais immorales, et qu'elles maintiennent le désaccord entre des

[1] *Les Guerres contemporaines*, par P. Leroy Beaulieu.

nations qui devraient vivre en paix. Dans un ouvrage de M. Stoker, il est établi qu'en Prusse 27 pour cent du revenu annuel sont absorbés par les dépenses militaires, 17 pour cent pour la dette, et 57 pour cent pour les autres branches du service public. En Autriche, les dépenses militaires s'élèvent à 29 pour cent ; en France, à 26 pour cent ; en Angleterre, à 43 pour cent. Pour ce qui regarde notre dette nationale, nous ne pouvons nous en débarrasser qu'en la payant ; il est peu utile de récriminer sur ce qui est passé à l'état de fait accompli, mais nous devons y regarder à deux fois, avant de transmettre à nos successeurs ce que nous avons reçu de nos ancêtres. Les dépenses civiles, on ne peut pas, on ne doit pas songer à les diminuer. Les taxes locales tendent à monter d'année en année, mais on les emploie à l'éclairage, au drainage, à des objets qui intéressent le bien-être général : et les demandes qui s'élèvent de toutes parts dans le pays pour un système d'éducation nationale amèneront nécessairement une taxe additionnelle. Si donc le peuple veut que les impôts diminuent, la réduction doit porter sur le seul point où elle puisse s'effectuer sans dommage, sur les dépenses de l'armée et de la marine *(applaudissements)*. M. Pease ajoute qu'il ne veut pas toucher aux attributions les plus élevées de la Société de la Paix; mais il voudrait la recommander à tous ceux qui aspirent au rôle d'hommes d'État ou de réformateurs politiques, comme favorisant les idées auxquelles est attaché le bonheur de l'humanité *(vifs applaudissements).*

Le Révérend Hugh Stowell Brown propose la résolution suivante :

« Ce meeting se réjouit de voir se répandre parmi toutes les populations européennes une profonde conviction de la folie, de l'iniquité, de l'impiété de la guerre, et invoque ardemment le concours de tous les instituteurs de la jeunesse, de tous les représentants de la presse, de tous les ministres de la religion, pour étendre et pour affermir le règne salutaire de ces idées. »

La conviction, dit-il, de la folie et de l'impiété de la guerre, est fermement établie dans l'esprit de tous les membres de la Société de la Paix, et ils accueillent, avec une joie cordiale, tous les symptômes qui montrent le développement de cette conviction parmi les peuples de l'Europe. Entre autres symptômes, on peut citer les sentiments exprimés à cet égard par les ouvriers de Berlin, de Paris, et d'autres grandes villes de l'Europe. Les hommes d'État commencent à ouvrir les yeux et à comprendre que la question est essentiellement l'affaire des ouvriers, et non pas l'affaire des rois et des Cabinets. Ce sont les ouvriers qui portent le principal fardeau des impôts, eux qui versent leur sang, eux dont les sœurs et les filles sont trop souvent vouées à la démoralisation, au chagrin et à la misère par les armées permanentes.

Il ajoute qu'il ignore si les ouvriers anglais ont exprimé leurs opinions sur ce sujet comme leurs frères de France et d'Allemagne; s'ils ne l'ont pas fait, ce ne peut être qu'à cause de l'imperfection déplorable de leur éducation. Les ouvriers anglais ont besoin d'être instruits sur ces sujets : et l'orateur croit que si tous les hommes et toutes les femmes en Angleterre étaient bien au courant des faits de la question, il s'élèverait dans le pays tout entier une si profonde répugnance contre la guerre, que bientôt on demanderait, et on obtiendrait, avec une force irrésistible, ce que la Société de la Paix a tant de peine à obtenir *(Applaudissements)*.

La « résolution » invoque en faveur de l'œuvre de la paix le concours des instituteurs de la jeunesse qui pourraient rendre à cet égard les plus grands services. Les manuels d'histoire en usage dans les écoles à l'époque de mon enfance, dit M. Brown, ne renfermaient que l'histoire des guerres où l'Angleterre avait été engagée, depuis Alfred le Grand jusqu'à nos jours. Dans ces détestables livres, on ne daignait guère considérer comme digne de mention que ce qui intéressait la gloire maritime et militaire du pays. Guillaume le Conquérant et Henri V étaient de glorieux personnages ; Cromwell aussi, mais seulement parce qu'il avait été un soldat heureux. Quant aux philosophes, aux hommes de science, aux théologiens, ils étaient laissés entièrement dans l'ombre, et pas une seule ligne dans ces livres ne renfermait la condamnation de la guerre. Naturellement la guerre doit avoir sa place dans le récit de l'histoire, mais elle ne devrait pas y occuper une place si prépondérante. Que les enfants apprennent à connaître Sthephenson aussi bien que Wellington ; Isaac Newton aussi bien que Marlborough; et s'ils étudient la vie de Cromwell, qu'on leur présente au moins le meilleur côté de son caractère *(écoutez, écoutez)*. Dans les écoles du Dimanche particulièrement, les moniteurs devraient s'efforcer de faire naître dans le cœur des enfants des sentiments conformes aux principes de la paix. En faisant apprendre à leurs élèves les récits de l'Ancien Testament, ils ont à leur parler souvent de bataille et de sang versé : mais ils ont aussi l'occasion de mettre la vie de Jésus en glorieux contraste avec ces récits, et de montrer que les principes du Christ et de son royaume sont les seuls qui doivent régler et inspirer la conduite de ses disciples. Si, dans l'enseignement du Christ, l'instituteur trouve la condamnation du vol, du mensonge, de la désobéissance aux parents, il peut bien s'autoriser aussi de ses paroles et de ses exemples pour condamner la guerre, qu'elle soit offensive ou même défensive *(Applaudissements)*. Nos diverses « *Associations de jeunes gens*, » répandues par tout le pays, pourraient faire beaucoup dans le même sens: et la *Société de la Paix* s'est efforcée d'agir sur ces Associations, en leur fournissant des sujets de discussion qui rentraient dans ses vues, et les priant de les prendre en considération. Quant à la presse, cette puissance si importante, je suis heureux de voir qu'elle dénonce énergiquement les maux de la guerre. Toutefois, je voudrais bien qu'elle fût plus ferme sur cette note, et qu'après des déclarations pacifiques, elle ne fût pas quelquefois si prompte à prendre un ton belliqueux.

Les ministres de la religion pourraient faire beaucoup pour répandre la conviction de l'iniquité, de l'impiété et du caractère anti-chrétien de la guerre. La chaire chrétienne n'a pas assez échappé à la contagion de l'esprit guerrier. Autrefois les ministres de la religion, dans les camps opposés, faisaient beaucoup pour exciter dans les cœurs les sentiments belliqueux. Sydney Smith prêchait un jour un sermon sur l'invasion (probablement à propos de l'invasion projetée de l'Angleterre par Napoléon Ier) ; et, par un secret sentiment de convenance, il avait pris son texte dans les Apocryphes. Dans sa péroraison, il disait : « nous demandons d'abord la victoire ; et si nous ne pouvons pas obtenir la victoire, la mort. » C'eût été fort bien pour un soldat sur le champ de bataille ; mais de la part d'un ministre qui vivait paisiblement dans son presbytère, c'était un propos en l'air, peu digne de la gravité de la chaire. — Robert Halle lui aussi prêcha un sermon inspiré par la crainte de voir Bonaparte débarquer en Angleterre, et, entre autres choses tendant au même but, il dit aux volontaires anglais que quand les héros et les glorieux compatriotes de l'antiquité étaient montés au ciel, ils avaient laissé tomber leur manteau et que c'étaient eux, les volontaires anglais, qui le relevaient. Plus récemment, durant la guerre d'Amérique, des ministres de diverses dénominations ont parlé dans le même sens, et plus ou moins transformé l'Église en une maison de recrutement. Je crains beaucoup que les ministres de la religion n'aient pas assez manifesté ces sentiments de sympathie que la Société de la Paix était en droit d'attendre d'eux. Je suis souvent véritablement honteux de l'ordre auquel j'appartiens, et honteux de moi-même ; car moi-même et tous mes collègues nous aurions dû placer la question de la Paix au premier rang dans nos préoccupations. La grande œuvre de tout ministre chrétien n'est pas d'enseigner le calvinisme, ou l'unitarisme ou le protestantisme ; c'est d'apprendre aux hommes à vivre comme le Christ dans la vérité, dans la pureté, dans la tempérance, dans l'humilité, dans la douceur, dans le sacrifice de soi-même, dans le support et dans l'amour qui s'étend aux ennemis comme aux amis. Ils doivent oublier toutes différences de sectes quand ils parlent de ces sujets, et s'efforcer d'amener les hommes à une conformité plus générale et plus complète avec le Christ (*Applaudissements énergiques et prolongés*).

Après ce discours, M. H. Richard donne lecture des comptes de l'année (Voir ci-après à la suite du *Rapport*), puis il présente à l'assemblée son ami, M. Frédéric Passy, *secrétaire et délégué de la Ligue de la Paix de Paris,* qu'il invite, au nom de la Société, à prendre la parole à son tour. M. Frédéric Passy, salué par de vifs applaudissements, s'exprime comme il suit :

Mesdames et Messieurs. Permettez-moi de dire plutôt, amis et collaborateurs; (*Oui, oui*). — Oui, amis et frères dans l'amour et dans le service de la cause sainte de la paix (*Applaudissements*).

Ce n'est pas, croyez-le, sans embarras et sans crainte, je dirais presque sans une véritable confusion, que je me vois appelé, après et avant tous ces hommes de talent et de cœur dont nous avons entendu et dont nous allons entendre encore la parole, à figurer parmi les orateurs de la *Société de la Paix* en ce jour de sa grande et solennelle assemblée générale.

Une seule considération, en vérité, peut m'empêcher de décliner absolument ce lourd honneur ; c'est que je n'ai pas le droit de le faire, n'étant pas venu ici, on vient de vous le dire, tout à fait à titre privé et comme un ami quelconque de votre œuvre, mais m'y trouvant, jusqu'à un certain point, le représentant et l'organe d'une partie notable des hommes de paix sur le continent et tout particulièrement en France.

C'est, en effet, Messieurs et amis, un des caractères les plus visibles et les plus significatifs de ce siècle trop décrié qui est le nôtre, qu'aucune grande œuvre ne peut être désormais, sur aucun point, sérieusement entreprise sans devenir tôt ou tard, et plus tôt que plus tard, une œuvre internationale, et le plus souvent même une œuvre universelle. (*Très-bien !*)

Et s'il est, je le demande, entre toutes, une œuvre évidemment, inévitablement internationale et universelle, n'est-ce pas cette œuvre de paix à laquelle nous travaillons ? (*Très-bien ! Très-bien !*)

Car la paix, Messieurs, et la liberté, et la justice, et la vérité, et l'amour ne sont pas la cause d'un seul ou de quelques-uns, mais de tous ; — et par tous j'entends toutes les nations et tous les hommes dans toutes les nations. *Approbation*).

Aussi toutes les mains doivent-elles y travailler, et tous les cœurs aussi, et toutes les langues ; quelle que soit parfois la difficulté résultant de la différence des idiomes. (*Nouvelle approbation*).

Et c'est pour cela, Messieurs, qu'il y a deux ans nous n'avons pas eu seulement le bonheur de voir, à l'une de nos assemblées, quelques uns des membres de votre bureau; mais nous en avons eu de plus le plaisir d'entendre, de la bouche de votre éloquent secrétaire, M. H. Richard, un admirable spécimen de la parole anglaise. (*Applaudissements*). Oui, un admirable discours, en vérité, et celui de tous peut-être, parmi tant de magnifiques paroles, qui a le plus remué l'assistance française. Et c'est pour cela maintenant que moi aussi, en vous remerciant de la patience avec laquelle, pendant ce peu d'instants, vous m'avez laissé écorcher votre langue, je vous demande, en signe du caractère international de notre œuvre, la permission de me servir, pendant quelques minutes, de ma propre langue, pour exprimer plus librement que je ne pourrais le faire dans une langue étrangère, les pensées, les sentiments, les vœux qui sont dans mon esprit et dans mon cœur, je veux dire dans l'esprit et dans le cœur de mes amis et des vôtres sur le continent et sur la terre de France. »

Une grande partie de l'assemblée témoignant le désir que l'orateur continue à parler anglais, M. Passy s'excuse en faisant observer qu'il n'a malheureusement aucune habitude de cette langue. Il la comprend bien à peu près, dit-il, ce dont il se réjouit grandement, quand il a la bonne fortune d'entendre des choses comme celles qu'il vient d'entendre ; mais il ne lui est possible de la parler qu'avec une difficulté qui est une véritable souffrance et qui ne lui permet pas de dire convenablement ce qu'il voudrait dire.

« C'est la première fois, en effet, dit l'orateur, je dois en faire l'aveu, que je mets le pied sur le sol de l'Angleterre ; mais ce n'est pas d'aujourd'hui, ajoute-t-il, que j'ai appris à aimer, à estimer, à admirer, ce qu'il y a de réellement digne d'amour, d'estime et d'admiration dans ce grand pays. Car, sans aller jusqu'à prétendre, assurément, que tout nous paraisse irréprochable en Angleterre, ce qui serait une flatterie indigne d'une nation dont la première qualité est de chercher incessamment à se corriger de ses défauts et de ses erreurs, (*Très bien!*) je puis bien affirmer que plus d'une fois, dans des jours où nous aurions pu être tentés de nous décourager, de nous désespérer peut-être et de désespérer de la liberté et de la justice, l'exemple de vos luttes et de vos progrès a été pour nous, comme l'exprimait éloquemment un de nos grands orateurs qui était à moitié anglais, M. de Montalembert, le coin de ciel bleu qui nous consolait au milieu de la tempête et nous faisait attendre sans défaillance le retour de jours meilleurs. » (*Bravos !*)

L'orateur parle ensuite des efforts et des espérances des amis de la paix en France et sur le continent. « Nous ne sommes pas, dit-il, aussi avancés que vous, en tant que sociétés proprement dites ; et tout à l'heure, je l'avoue, en écoutant le substantiel rapport de votre secrétaire, en entendant énumérer ces centaines de discours, ces prédications, ces missions, ces publications de toutes sortes ; en voyant, dans le compte qui vient de nous être lu, à quel chiffre se maintiennent à la fois et vos recettes et vos dépenses annuelles, je ne pouvais m'empêcher de faire un triste retour sur ce que j'aurai à dire bientôt, en ma qualité de secrétaire, moi aussi, à l'assemblée annuelle de la *Ligue de la Paix*. Hélas! notre action paraît bien peu de chose auprès de la vôtre ; nos publications sont en bien petit nombre encore; et notre budget, réduit à quelque milliers de francs, n'est pas de nature à nous enorgueillir beaucoup. Il n'est pas, surtout, ce qui serait plus important, de nature à nous permettre ce que nous serions à même de faire et de faire faire si nous avions plus abondamment le nerf de la guerre... à la guerre. (*Assentiment.*)

Mais nous n'avons pas, comme vous, Messieurs et amis, une existence de plus d'un demi-siècle ; nous n'avons pas eu dans nos rangs et à notre tête des hommes comme vos Cobden, vos Sturdge, vos Burritt et bien d'autres: nous n'avons pas, surtout, cette longue habitude et cette pleine expérience de l'initiative individuelle et collective, de l'*agitation pacifique*, pour l'appeler par son nom , et de la souscription volontaire pour soutenir tout cela. Nous ne sommes qu'à notre troisième année d'existence ; et la vérité est que notre Ligue n'a guère été, dans sa naissance, autre chose qu'une protestation, qu'une clameur, pour ainsi dire, de quelques cœurs et de quelques esprits indignés, contre la grande folie et la grande horreur d'une guerre qui semblait alors inévitable, et qui a été évitée (*Écoutez.*)

Et pourtant, Messieurs, dans ce court espace de temps, quel changement, quelle transformation! On vous disait tout à l'heure (en répétant devant vous les paroles d'un de nos grands orateurs politiques), que l'esprit français avait, à cet égard, subi une métamorphose. Oui, cela est vrai, et une métamorphose plus grande que ne le dit et ne le croit peut-être notre ami qui nous rend ce témoignage.

Il vous a parlé des circulaires et des professions de foi des candidats libéraux aux dernières élections pour le Corps législatif de France ; et il vous a dit qu'il n'y en avait pas une seule qui ne contînt quelque protestation en faveur de la paix et de l'allègement des charges militaire. Qu'il me permette de le rectifier, (il ne s'en plaindra pas), en lui disant que ce ne sont pas seulement les candidats *libéraux*, ou se disant tels, mais tous les candidats sans exception, et quelles que fussent d'ailleurs leurs opinions et leur couleur politique, qui ont été unanimes dans l'expression de ces sentiments. (*Approbation.*) Nous n'avons eu que des *candidats de la paix*. Je me trompe ; il y a eu un *candidat de la guerre*, un seul, qui a demandé des canons Prussiens pour fournir le bronze de la statue d'un de nos vieux et de nos plus honorables généraux d'autrefois, — le défenseur de Vincennes, le général Daumesnil. Et ce candidat de la guerre a obtenu, si j'ai bonne mémoire, quarante ou cinquante voix. Voilà, messieurs, comment on consulte aujourd'hui le suffrage universel en France et comment il répond. A-t-on eu tort de dire que c'est *le suffrage universel de la paix ?* (*Acclamations.*)

Et c'est là, messieurs, permettez-moi de le dire en complétant sur ce point encore le rapport de notre ami, une des raisons qui expliquent, en nous empêchant de nous en affliger outre mesure, la lenteur des progrès de notre société. On vous a parlé des agitations purement politiques de notre pays, et des transformations qu'ont subies et que subissent en ce moment même ses institutions. On vous a dit que l'attention publique, portée tout entière de ce côté, avait été détournée d'autant de nos efforts et de nos travaux plus modestes et moins passionnés. Cela est vrai ; mais il convient d'ajouter autre chose : c'est que, dans l'opinion de la plupart de nos compatriotes, notre cause est gagnée, je dirais presque trop gagnée pour qu'ils se rendent bien compte de la nécessité de continuer les sacrifices et les efforts. Ils nous disent : oui ; quand vous avez élevé la voix en 1867, la guerre était à la porte, le monstre ouvrait déjà la gueule pour nous dévorer. Vous vous êtes levés, vous êtes allés droit au monstre ; et le pays tout entier vous a suivis. Et le monstre a reculé et il s'est laissé, à l'étonnement et à la satisfaction de tous, enchaîner et museler. Mais depuis lors est-ce qu'il a bougé ? Est-ce qu'il y a en Europe un seul peuple qui veuille la guerre ? Est-ce qu'il y a un gouvernement un seul, quelque fort qu'il soit ou qu'il croie être, assez hardi, assez téméraire, assez insensé pour songer à décréter quelqu'une de ces vastes hétacombes humaines qui se décrétaient jadis si aisément, et à rouvrir sur le monde les grandes écluses par lesquelles s'échappent l'or, la sueur et le sang des peuples? (*Acclamations*). Dès lors que voulez-vous; et votre tâche n'est-elle pas finie ? Reposez-vous : vous avez fait votre journée, et vous pouvez bien après tout vous dire que vous avez droit au repos (*Écoutez.*).

Eh bien ! non, messieurs, notre tâche n'est pas finie ; elle commence (*très bien*). Et c'est ce que comprendront bientôt, nous en avons la confiance, les personnes qui tiennent le langage que je viens de rappeler. (*très-bien, très-bien.*). Non, notre tâche n'est pas finie, parce que, si nous avons fait reculer la guerre, nous n'avons pas encore, ainsi qu'on le disait tout à l'heure, rendu la guerre impossible ou à peu près impossible, en supprimant ou réduisant les moyens ou les instruments de la guerre. (*très-bien, c'est cela.*) Non, notre tâche n'est pas finie, parce que, si la guerre ne se fait pas, l'armement de guerre subsiste, plus démesuré, plus exagéré que jamais (*Bravos*) ; et que cet armement ce n'est pas seulement une charge écrasante pour les peuples qui fournissent l'argent et les hommes, mais c'est la semence et la racine de la guerre (*Écoutez.*). C'est à la racine de l'arbre qu'il faut maintenant mettre la cognée, si nous voulons faire œuvre qui vaille et qui dure (*C'est cela.*). Et c'est, je suis heureux de le dire ici, ce qu'a compris notre Ligue de la paix en décidant, dans une des récentes réunions de son Comité, qu'elle mettait désormais ouvertement à l'ordre du jour de son programme la question du *Désarmement* (*Acclamations.*). Ceux d'entre vous, messieurs, qui connaissent la France, ceux qui ont quelque idée de ce qu'était autrefois la susceptibilité de nos préjugés militaires, notre *chauvinisme*, — pour l'appeler par son nom, — ceux-là peuvent mesurer, par ce seul fait, le terrain gagné, depuis quelques années, par les idées de paix dans ce pays (*Nouveaux applaudissements.*).

Il y a quelques années, messieurs, quelques mois peut-être, il eût été possible assurément de parler en France des malheurs de la guerre ; on y eût trouvé de la pitié et des larmes pour les blessés, pour les morts, pour leurs familles : mais il eût fallu du courage, je le crois, et beaucoup, pour faire publiquement le procès aux grandes armées et à l'esprit militaire. Je doute qu'aucun gouvernement eût consenti jadis à laisser attaquer ce sujet dans de grandes réunions ; et s'il l'eût permis, probablement le public ne l'eût pas toléré (*Écoutez.*). Les militaires auraient vu dans une telle tentative une atteinte gratuite à leur honneur, et la foule aurait pensé qu'on manquait de patriotisme et qu'on demandait l'abaissement du pays. Aujourd'hui, non-seulement cette grande question du désarmement est posée, ouvertement posée, sous son vrai nom, dans la presse ; mais elle l'est dans des assemblées populaires, dans des réunions ouvertes à tous (*Très-bien.*). Si quelques-uns d'entre vous sont allés, en mai ou en avril, à Paris, ils ont pu y voir, sur des affiches comme celles de ce meeting, et à la porte même de l'une de nos plus grandes salles de spectacle, le mot de DÉSARMEMENT se détacher en gros caractères pour appeler l'attention des passants. Et la foule est venue, tantôt à la voix de celui-ci, tantôt à la voix de celui-là ; et jamais, que je sache, dans cette foule, une seule réclamation ne s'est élevée pour protester en faveur du maintien des charges militaires (*bravos*). J'ai dû, pour ma part, à ma qualité de secrétaire de la Ligue de la Paix, et aussi à ma qualité d'économiste voué depuis longtemps à la défense de la liberté commerciale, l'honneur d'être appelé à parler contre la paix armée dans un certain nombre de villes, à Lyon, à Bordeaux, à Toulouse, à Montauban, à Paris, à Saint-Germain, à Évreux (je n'ai pu aller partout où j'ai été demandé) ; et partout j'ai pu affirmer et démontrer, faits et chiffres en main, aux unanimes applaudissements de l'assistance, que *la paix armée c'est encore la guerre et une guerre non moins meurtrière et non moins démoralisatrice que la guerre des champs de bataille* (*Acclamations*) ; que le monstre, muselé et enchaîné comme il l'est, n'en dévore pas moins le plus pur de notre chair et de notre sang (*Nouvelles acclamations*) ; et que l'*ogre de la guerre*, comme notre Bastiat l'écrivait jadis à votre Cobden et le répétait, en 1850, au président du congrès de Francfort, « *consomme autant pour ses digestions que pour ses repas.* » (*Les applaudissements redoublent.*) Oui, messieurs, et c'est sur ce point qu'il faut à l'avenir concentrer nos efforts ; oui, l'armement qui écrase l'Europe ; oui, ces casques, ces épées, ces cuirasses, qui sont, disait encore votre Cobden, un attirail peu commode pour danser, et tout aussi peu commode pour travailler ; tout cela n'est pas seulement pour les budgets une charge énorme et insensée, qui empêche les améliorations et les dépenses nécessaires et maintient dans la misère le pauvre ouvrier dont elle rogne le salaire (*Écoutez*) ; tout cela est un danger, un véritable danger pour la sécurité publiqne, à l'intérieur et à l'extérieur,. par les animosités et les mécontements que cela engendre, par les rivalités que cela excite, et par les occasions de lutte que cela fournit (*Bravos*). Quand les canons sont chargés jusqu'à la gueule, il suffit d'une étincelle pour les faire partir, et parfois éclater entre les mains de ceux qui les gardent (*Vives acclamations.*).

J'ajoute que c'est un système à la fois meurtrier et démoralisateur (*Très-bien.*), et qui ne va à rien moins qu'à atteindre directement le développement de la race humaine dans sa source en en réduisant à la fois et la quantité et la qualité (*Bravos, c'est cela.*) Cinq millions d'hommes sont sous les armes en Europe, vient-on de vous dire. Eh bien! sur ces cinq millions d'hommes, la fleur de la population, la partie moins exposée à la mort, par conséquent, dans les conditions naturelles et normales de la vie, il est prouvé, — absolument prouvé, — par les médecins militaires eux-mêmes; il est enseigné jusque dans nos hôpitaux militaires, (au Val-de-Grâce de Paris, par exemple), que la mortalité est double et triple de ce qu'elle est dans la vie civile pour le reste de la population (*Écoutez.*). Et ce qui n'est pas ainsi moissonné au régiment, que devient-il ? Dans quel état rentre-t-il à l'atelier, au foyer, dans la famille, quand il y rentre? Et que deviennent pendant ce temps les cinq milions de femmes qui auraient dû être les compagnes de ces hommes, et les cinq millions de familles qui seraient sorties de leur union ? (*Bravos*). Messieurs, on n'a pas jusqu'à présent assez pensé à ces choses; mais il est temps d'y penser, et grâce à vous on commence à y penser. (*Bravos.*) Il est temps que les gouvernements y pensent, et que les peuples, qui sont les premiers intéressés, les y fassent penser. (*Bravos plus énergiques.*) Pour moi, lorsque je promène mes regards sur la surface du monde civilisé, voici ce que tous les ans, vers l'époque où nous sommes, je vois se renouveler presque partout. Au son du tambour, à la voix de la trompette, les jeunes gens arrivés à un certain âge sont appelés, dans chaque localité, à se présenter, devant les représentants de l'autorité de leur pays. Ils arrivent par bandes avec des rubans à leur chapeau. C'est une fête sans doute, la fête du printemps et de l'adolescence; ces jeunes gens sont des hommes maintenant, ils vont être des citoyens demain; et les représentants de la nation, à ce moment décisif, les font comparaître devant eux pour leur donner, à leur entrée dans la vie, de sages conseils et de salutaires encouragements. (*Écoutez*). Non, messieurs, ces jeunes gens sont de la chair à canon, et ces représentants de l'autorité sont des experts chargés de prononcer, après examen, sur la qualité de cette chair (*Mouvement.*) Et quand ils les tiennent dans une salle, comme des animaux sur un marché, ils leur font quitter ces vêtements qui protégent leur pudeur ou voilent leurs infirmités ; ils les mettent, nus comme l'animal, les uns devant les autres et devant eux-mêmes. Puis ils les examinent, ils les palpent, ils les retournent, ils leur ouvrent la bouche comme au cheval ou au chien pour voir les dents et le reste ; et finalement ils en font deux parts, deux troupeaux, comme des brebis et des boucs de l'Évangile (*Écoutez.*). D'un côté les forts les beaux, les agiles, ceux dont les mains robustes sont faites pour manier les outils qui produisent, et le sang généreux pour multiplier sur la terre, une race saine et vigoureuse. Et de l'autre côté, au contraire, les faibles, les boîteux, les estropiés, les sourds, les borgnes, les rachitiques, tous ceux qui, par une raison ou par une autre, peuvent être considérés comme le rebut de l'espèce, comme la partie à éliminer, si l'élimination était permise quand il s'agit de la substance sacrée de la nature humaine (*Écoutez.*). Et cela fait, l'autorité publique prend son air le plus grave, et elle dit aux uns, à ceux qu'elle a triés avec tant de sollicitude parmi les meilleurs: Bons pour la boucherie, (*Explosion d'applaudissements.*) oui, bons pour la boucherie des champs de bataille et pour la démoralisation des casernes. (*Nouvelles acclamations.*) Et elle dit aux autres, à ceux qu'elle n'a pas jugés dignes d'une balle ou d'un coup de baïonnette: Bons pour le mariage et pour le travail! (*Les acclamations redoublent.*) Voilà ce qui se fait, messieurs, sérieusement et solennellement, au dix-neuvième siècle, chez les plus grands peuples de ce monde européen qui se dit civilisé et chrétien (*Écoutez.*) Et l'on s'étonne après cela que la population ne s'accroisse guère et que ce qui s'en accroît ne vaille pas davantage! Et l'on s'étonne de la misère et de la dégradation de nos sociétés, de leurs souffrances et de leurs vices!

Et l'on se demande pourquoi tant de mécontentements, tant de menaces et tant d'agitations viennent troubler et par moments ébranler jusque dans ses fondements la sécurité des plus grands empires ! (*Écoutez.*) Comme si la tranquillité intérieure pouvait régner là où la politique extérieure n'est qu'un perpétuel enseignement de convoitise, de fraude et de violence ! (*Bravos.*) Pour moi, je le déclare, aussi longtemps qu'on n'aura pas compris qu'il faut choisir entre le fer qui tue et le fer qui fait vivre (*Bravos.*) ; aussi longtemps qu'on s'obstinera à mettre à plaisir le travail, la richesse et la population en coupe réglée par la guerre avouée des champs de bataille, ou par la fausse paix des armements permanents (*Écoutez.*); toute notre prospérité sera précaire et tout progrès décisif de sécurité, de moralité et de justice sera impossible (*Bravos.*). Et c'est pourquoi, messieurs, je le dis encore une fois avec vous, et avec tous les hommes de cœur et de sens pour lesquels le saint nom de patrie et d'humanité n'est pas une idole vaine : Il faut en finir avec le monstre qui nous dévore, et après avoir, alors que cela paraissait impossible, réussi à le museler et à l'enchaîner, le réduire décidément à l'impuissance en rendant à l'armée féconde du travail tous ces millions d'hommes condamnés, de par la terreur ou l'ambition de la vieille politique, au rôle désormais maudit de ravageurs du globe et de meurtrier publics » (*Applaudissements.*).

L'orateur, après avoir répété que, tout ce qu'il vient de dire ici, il l'a publiquement dit, non-seulement sans difficulté aucune, mais avec l'assentiment universel, dans plusieurs villes de France, cite divers faits de nature à confirmer les espérances qu'il est permis de concevoir de cet heureux changement des esprits. C'est ainsi, entre autres, que, d'après les correspondances qu'il est à même de recevoir, ceux de ses compatriotes qui se montrent le plus pénétrés de l'importance de l'œuvre de la *Ligue de la Paix* et les plus persévérants à en propager les principes sont presque partout, avec les chirurgiens d'armée, les militaires ou les anciens militaires; c'est-à-dire « ceux qui ont vu la guerre à l'œuvre ou sont exposés à y prendre personnellement part. » (1) A ce propos, M. Passy

[1] Au moment précisément où nous corrigeons les épreuves de ce passage, nous trouvons dans la *chronique* du *Temps*, de M X Feyrnet, les lignes suivantes que nous transcrivons textuellement :

« Il y a dans la ville de Vienne en Dauphiné une société de secours mutuels qui s'appelle la Société de la jeune armée. Elle a été fondée il y a vingt-deux ans, et elle a pour président M. A. Blanc Montbrun, ancien capitaine d'artillerie, membre du conseil général de l'Isère.

« La société a célébré tout récemment une fête annuelle. Au banquet M. Blanc Monthrun a rappelé aux convives les combats glorieux auxquels des membres de la jeune armée ont pris part : Navarin, Alger, Constantine, Alma, Inkermann, Sébastopol, Magenta, Solferino.

raconte, en terminant, une anecdote, qu'il affirme tenir d'un officier supérieur en retraite, et sur la demande de l'auditoire désireux de n'en rien perdre, il fait ce récit en anglais.

« Oui, a-t il dit, il est grand, il est beau de combattre pour l'indépendance et la gloire de son pays ; il estbeau de mourir pour sa patrie....

» Mais, a-t il ajouté, n'est-il pas permis d'espérer qu'un jour viendra, où grâce aux communications de plus en plus rapides et faciles entre les divers peuples de l'Europe, du monde même, la fraternité, secondée par les progrès de la raison publique, prendra enfin le dessus et rendra inutiles ces exterminations sanglantes et fratricides d'enfants du même Dieu, fauchés sur les champs de batailles comme une forêt d'épis dorés tombant sous la faulx du moissonneur.

» Un jour, si, comme je l'ai supposé il y a un instant, la guerre était en discrédit parmi les peuples, ce qui l'interdirait aux rois... quelles heureuses conséquences découleraient de ce nouvel état de choses !

» La première serait la suppression des armées permanentes; suppression qui permettrait de diminuer les impôts, d'augmenter le budget de l'instruction publique, et qui rendrait à l'industrie, à l'agriculture, cette mère nourricière du pays, une foule de bras dont le travail quotidien viendrait accroître la richesse du sol national et la prospérité de la patrie.

» Un seul ennemi resterait à combattre et serait infailliblement vaincu Cet ennemi, vous l'avez compris, c'est l'ignorance, qui, chez un peuple libre, ne peut subsister sans dommage pour sa dignité comme pour ses plus chers intérêts... »

« Bravo, monsieur le président, voilà de précieuses paroles dans la bouche d'un homme qui a porté l'épée. Si les soldats

« C'était, dit-il, pendant la guerre de Sadowa. Une patrouille prussienne, envoyée à la découverte, battait le terrain depuis quelque temps sans rien rencontrer lorsque tout à coup, dans des buissons placés à quelque distance, elle crut entendre un mouvement suspect. *Qui vive!* crie aussitôt le chef. Pas de réponse. *Qui vive!* crie-t-il de nouveau plus énergiquement. A ce second appel une voix répond, mais avec embarras et d'un accent étranger. C'était quelque italien, quelqu'un de ces pauvres diables emmenés, bien loin de leur patrie, par ceux qui étaient alors les maîtres de leur patrie, et qui trouvaient tout simple, selon l'usage de tous les oppresseurs, de faire tuer pour eux les opprimés (*Écoutez.*). Les Prussiens, alliés des Italiens, comme chacun sait, dans cette guerre, se trouvaient ainsi avoir en face d'eux, comme ennemis, ceux-là mêmes dont ils soutenaient la cause (*On rit.*). N'importe: des deux parts la rencontre était mauvaise; et des deux parts, par un même mouvement, tous les fusils s'étaient abaissés; quand tout à coup, du fond des broussailles, une autre voix s'élève, une voix allemande, cette fois, et s'adressant

se mettent à parler ainsi, la cause de la paix sera bientôt gagnée; et ce sera une victoire à laquelle il sera plus glorieux d'avoir contribué qu'à celles qui n'ont eu pour résultat que de grandir un ambitieux, et combien y en a-t-il dans l'histoire de celles là!... »

aux Prussiens : « Est-ce que vous tirez, vous autres? » leur dit-elle. —« Et vous ? » répondent les « Prussiens ? — Non, si vous ne tirez pas vous-mêmes.». — « En ce cas, si nous nous en allions. » (*Rires.*) Et, faisant aussitôt demi-tour, ces gens qui allaient s'égorger, sans savoir pourquoi très-probablement et sans en avoir grande envie, comme bien vous voyez, allèrent chacun de leur côté, en priant Dieu de ne plus les conduire sur le chemin les uns des autres. (*Les rires redoublent.*)

Qu'avait-il fallu, dans cette circonstance, pour éviter le massacre ? un mot, un simple mot; moins qu'un mot, un son, éveillant à la fois dans le cœur des Prussiens et dans le cœur des Autrichiens la pensée commune de la commune grande patrie allemande (*Écoutez*). A la langue, ils s'étaient reconnus frères ; et les écailles étaient tombées de leurs yeux et les armes de leurs mains (*Très-bien, écoutez*). Mais, messieurs, si la communauté de langue est en effet un signe de ralliement entre les habitants d'un même pays et les membres d'une même race ; s'il y a, en effet, une grande famille allemande, une grande famille française, une grande famille anglaise dont les enfants ne peuvent, sans un véritable fratricide, porter les mains les uns sur les autres (*Écoutez.*) ; — est-ce qu'il n'y a pas, au-dessus de ces familles diverses, et avant elles, une famille plus grande et non moins sacrée qui les embrasse toutes, la grande famille humaine, l'*humanité* (*Bravos.*); l'humanité tout entière, séparée pendant longtemps, hélas ! en tronçons qui se croyaient étrangers et ennemis, mais unie désormais et de plus en plus par ces mille liens qui, mieux que la langue, attestent et imposent l'unité et la solidarité des intérêts, des droits et des devoirs: chemins de fer, télégraphes, navires, commerce d'idées, de sentiments, de besoins, échange de vie, en un mot, et services à toute heure et reçus et rendus ? (*Bravos et acclamations.*)

Voilà, messieurs, des signes qui ne peuvent échapper désormais à aucun regard ; voilà les présages et les gages du triomphe de nos espérances et de la défaite de notre vieil ennemi (*Écoutez.*). Voilà comment déjà, nous pouvons le dire, commence à se lever, comme une moisson bénie, sur la surface entière du globe, un peuple nouveau, le peuple de l'avenir (*Bravos*), le peuple universel (*Nouveaux bravos.*), le peuple des amis de la justice et des ennemis de l'iniquité, « de toute langue, de toute tribu et de toute nation. » (*Acclamations.*) Et voilà comment, devant ce peuple de l'avenir, devant ce peuple supérieur, formé de l'élite de tous les peuples, et bientôt plus nombreux et plus puissant qu'aucun d'eux (*Écoutez.*), les passions, les préjugés, les haines, les rancunes et le culte stupide de la force brutale se trouvent, de jour en jour, refoulés et dépouillés peu à peu de leur ancien prestige jusqu'à ce qu'ils soient enfin, comme ils le seront, définitivement noyés sous le flot montant de la justice et de l'amour. (*Bravos*).

Et ce peuple nouveau, messieurs et chers amis, d'où est-il né lui-même ? (*Écoutez.*) Quels en ont été les pères, sinon ces quelques hommes de bien qui, au début, n'ont recueilli que la malédiction et le ridicule, et que ni la malédiction ni le ridicule n'ont arrêtés ? (*C'est vrai*) Oui, tous tant que nous sommes aujourd'hui, amis de la paix répandus comme un vivant réseau à travers l'humanité entière, frères qui connaissons et confessons devant Dieu et devant les hommes notre fraternité sainte, messagers d'espérance et d'amour autour desquels commencent à se rassembler les foules lasses du découragement et de la haine, et qui déjà, on vient de vous le dire, sommes assez forts pour faire écouter et parfois prévaloir notre voix dans les assemblées des nations et dans les conseils des princes (*Écoutez.*) ; tous, oui, tous, ne l'oublions pas, nous sommes la postérité de ces précurseurs obscurs et de ces saints martyrs dont je pourrais, sur cette estrade même, montrer les successeurs et les émules longtemps bafoués comme eux (*Bravos.*). Nous sommes les disciples de ces voyants qui, au milieu de l'obscurité universelle, ont eu foi dans la lumière et n'ont pas craint de la mettre hardiment sur le chandelier (*Applaudissements.*). Et la lumière, parce qu'elle est bonne, a fait son œuvre (*Écoutez.*); et elle nous a éclairés; et elle en éclairera d'autres, comme elle nous a éclairés nous-mêmes (*Bravos.*). Et le jour viendra, soyons-en sûrs, si nous ne manquons pas à notre tâche, où ce ne seront pas, comme ce soir, quelques représentants de quelques régions et de quelques races qui tendront la main aux applaudissements et aux encouragements de quelques centaines ou de quelques milliers de coopérateurs et d'amis (1) (*Écoutez.*); ce seront tous les hommes, quel que soit le lieu de leur naissance, le son de leur langue ou la couleur de leur peau, qui, d'une extrémité à l'autre de leur commune demeure, à toute heure, en toute chose, se sentiront et se proclameront unis dans une même œuvre et dans un même devoir : l'œuvre de féconder leur séjour par le travail afin d'en bannir la misère et la faim ; et le devoir d'élever et de purifier leur âme par l'instruction et par la vertu afin d'en bannir tout ce qui voile ou ternit en elle la pure et vivante image du Père commun. (*L'orateur se rassied au milieu*

[1] En prononçant ces paroles l'orateur se tourne vers les membres du bureau et les autres orateurs assis à ses côtés et échange avec eux de cordiales poignées de mains.

des félicitations des personnes qui l'entourent et des acclamations de l'assemblée.).

Le Babou Keschub Chunder Sen, accueilli par de grands applaudissements, s'exprima ainsi :

Mesdames et Messieurs. C'est pour moi un grand plaisir de me trouver sur cette estrade et de vous exprimer ma profonde et cordiale sympathie pour la Société de la Paix. L'Angleterre a été suivie par la France, et maintenant la France est suivie par l'Inde (*approbation*). C'est en effet comme Hindou que je vous parle ce soir. Je vous assure que je sympathise de tout mon cœur avec la Société de la Paix pour le noble et grand objet qu'elle a en vue. Si vous me demandez pourquoi je suis opposé à la guerre, je réponds sans hésiter, par nature, par éducation, et par dessus tout, par religion. (*Applaudissements*).

J'appartiens à un peuple qui est bien connu pour la douceur de ses mœurs. Je viens de l'Inde: les Hindous aiment la paix; ils ont une répugnance innée, une aversion prononcée pour la guerre et pour les hostilités : je puis donc dire que je suis né ami de la paix. En second lieu, l'éducation a confirmé ce que le caractère national m'avait déjà donné. Plus j'ai lu de livres anglais, plus mon pays s'est ouvert à la culture libérale de l'Occident, plus aussi j'ai appris qu'il n'y a rien de si haïssable que la guerre. Il est vrai, et ce point a été très-bien touché par l'honorable ministre qui a présenté la résolution que l'on m'a prié d'appuyer; il est vrai que l'histoire a été fort mal enseignée, qu'on apprenait aux jeunes gens à admirer la grandeur de la guerre, et à en oublier le côté sombre. Il est vrai qu'en lisant l'histoire, je trouvais dans les livres des expressions destinées à stimuler mon admiration et mon respect pour ceux qui remportaient de grands succès sur les champs de bataille; mais en somme, si l'histoire se compose de faits et non de fictions, elle ne peut absolument pas cacher toutes ces atrocités qui sont faites pour exciter notre plus ardente indignation. Quand on nous parle d'un champ de bataille, n'y a-t-il pas là quelque chose qui excite immédiatement notre pitié, notre amour, notre bienveillance, notre charité envers ceux qui souffrent ? Et quand nous étudions les choses de près, ne sommes-nous pas portés à haïr et à condamner ceux qui ont causé toutes ces atrocités? L'éducation anglaise donc, au lieu d'affaiblir en moi les traits caractéristiques de ma nation, (que je continue d'aimer de tout mon cœur), les a plutôt fortifiés, et m'a porté à haïr toujours davantage la haine et l'effusion du sang (*Approbation*).

Mais par-dessus tout, ma religion m'a poussé dans la même direction. Comme membre de l'Église universelle de l'amour et de la fraternité, je ne puis me dispenser de protester vigoureusement et solennellement contre la guerre sous toutes ses formes, qu'elle soit meurtrière ou non. (*Applaudissements.*) Je suis venu dans u n pays chrétien pour étudier les phases si diverses et si nombreuses de la pensée, des sentiments, de la conduite des Chrétiens: mais je dois confesser candidement que je ne puis comprendre comment des Chrétiens, en tant que Chrétiens, peuvent se combattre brutalement comme ils le font souvent. Moi, Hindou, je considère comme une grande anomalie dans notre chrétienté, ces efforts qui se font chez nous, année après année, pour trouver et pour perfectionner des engins de destruction destinés à massacrer le plus grand nombre possible de nos frères. Ce sont des barbaries, ce sont des brutalités qui font tache sur le front d'une nation chrétienne, et qui, pour l'honneur d'une nation chrétienne, devraient être répudiés, devraient disparaître à l'instant (*Applaudissements.*).

Je me trouve véritablement comme hors de moi au milieu de cette assemblée. Chaque parole qui a été prononcée ce soir pour condamner la guerre a provoqué des applaudissements enthousiastes et unanimes : j'ai remarqué notamment l'approbation avec laquelle on a accueilli l'éloge qu'un orateur a fait du ministère libéral actuel. J'espère que, sous ce vigoureux ministère, on tentera tous les effors légitimes pour sauver le christianisme du reproche de favoriser la guerre (*Écoutez, écoutez.*). Je ne puis vraiment pas comprendre comment les disciples du Prince de la Paix iraient toujours à la guerre. Il a été dit, et sans doute on répètera souvent, qu'un petit nombre d'hommes réunis sur les bords de la Tamise ne peuvent pas s'attendre à révolutionner le monde entier, quelles que soient d'ailleurs les forces de leur intelligence ou leurs bonnes intentions ; les idées de guerre, l'esprit de la guerre sont enracinés dans toutes les nations civilisées, et il est impossible de croire que la Société de la Paix puisse jamais parvenir à son but. Voilà ce que j'ai entendu dire. Mais je ne crois pas, je ne puis pas croire que, si nous mettions tous en jeu nos meilleures sentiments, nos efforts dussent demeurer vains (*Applaudissements.*). Non, nos efforts ne seront pas vains, si Dieu est avec nous, si nous avons à nos côtés la vérité, la miséricorde et l'amour. (*Applaudissements.*) Il y a quelque chose d'effroyable dans l'idée seule d'une bataille. (*Écoutez.*) Quand je pense au nombre d'orphelins et de veuves qu'a faits la guerre, à la somme incalculable de souffrances qu'elle a causées aux individus et aux nations, aux pertes pécuniaires, aux tortures physiques, aux cruautés exercées, aux maux endurés, je ne puis accepter l'idée que des hommes vivent et meurent en chrétiens, sans faire tout ce qui dépend d'eux pour réprimer et tenir en échec les développements de l'esprit guerrier. Le démon de la guerre doit être écrasé immédiatement et par tous les moyens possibles. Dans les journaux, dans les cercles particuliers, dans les prédications publiques, par notre exemple et par notre conduite, employons toute notre influence à rapprocher par des liens de fraternité tous les membres de la famille humaine. Oh ! quel jour que celui où l'on n'entendra plus sur la terre le bruit des batailles ! Quel jour que celui où le frère accueillera son frère, et la sœur sa sœur, avec le langage et les sentiments d'une communion morale et spirituelle ! Ce jour approche : de tous les côtés nous voyons les signes réjouissants qui annoncent l'arrivée de cette ère de fraternité. La civilisation qui progresse, les lumières qui se répandent amènent toutes les nations à reconnaître qu'il faut bannir la guerre et servir la cause de la paix. J'espère qu'un véritable esprit chrétien soufflera sur les individus comme sur les nations, et qu'au lieu d'agiter les flammes des animosités internationales, les hommes emploieront tous leurs efforts à une œuvre d'universelle réconciliation (*Applaudissements.*). Puis-je vous demander la permission de vous citer ici un verset sanscrit, un seul. Le voici: « Montre le précepte du pardon et de la paix; le pardon subjugue et conquiert que représente notre Société. En d'autres occasions, l'humanité. Que ne peut faire l'esprit du pardon ? Le méchant ne peut rien faire à l'homme qui tient dans sa main l'épée de la paix ? » *(Applaudissements)*. Tous les chrétiens qui tiennent dans leur main cette épée du pardon et de la paix. remporteront le plus beau triomphe qu'il soit possible à l'homme de remporter, une victoire plus glorieuse que celle des champs de bataille, la victoire de la paix, la victoire de la vérité sur l'erreur, de la lumière sur les ténèbres, de la fraternité sur l'inimitié, sur les querelles, sur les disputes. Je conjure donc tous mes frères d'Angleterre, je conjure la France, et l'Allemagne, et l'Italie, et tous les gouvernements du continent; je conjure tous les hommes d'État sincères, les philanthropes, les instituteurs, les moniteurs des écoles du Dimanche, et ceux qui dans toutes les classes de la société poursuivent des réformes; je les conjure moi, humble représentant d'une race lointaine et malheureuse, de s'unir tous ensemble pour écraser enfin la tête du démon de la guerre » *(Bruyants applaudissements et acclamations prolongées.)*.

M. Élihu Burritt se lève et dit : « Je n'ai ni les forces ni le désir de faire ce soir un discours. Je me contenterai d'exprimer en quelques mots, une fois de plus, l'intérêt profond et croissant que je porte à cette grande œuvre de philantropie chrétienne quand les apparences étaient défavorables, quand toutes les perspectives nous étaient contraires, j'ai essayé de stimuler l'espérance, la foi et le courage des amis de cette cause. J'ai tâché de les relever par mes paroles, et de les porter à croire, en dépit des circonstances défavorables, que notre cause aurait ses beaux jours, qu'ils viendraient bientôt, peut-être même d'autant plus tôt à raison des obstacles qui paraissaient devoir en retarder l'avènement. Je pense que nos amis doivent voir et sentir maintenant que ces temps approchent, que le temple de Janus est désormais fermé, pour ainsi dire, par toute la terre, que les guerres et les bruits de guerre se sont dissipés, et qu'un calme plein d'espoir règne au milieu des peuples. Avec ce calme nous arrivent des paroles pleines de douceur de la part des nations mêmes qui ont le plus souffert des ruineux ravages de la guerre, et des tempêtes qu'elle soulevait entre les peuples. *(Assentiment).* La date même de ce meeting a son intérêt et son importance. C'est le premier printemps, c'est le premier mois de mai d'une nouvelle période décennale. Nous sommes au premier mois des fleurs de 1870. Contemplons l'avenir à dix ans de distance, et respirons pour ainsi dire l'odeur de tous ces boutons que nous voyons se former aujourd'hui, et qui auront donné leurs fleurs dans dix ans. En effet c'est par périodes décennales, que l'on voit croître et mûrir les grandes moissons de la foi humaine et des efforts chrétiens. Le laboureur peut semer son grain et faire sa récolte en une seule année : mais il en faut dix pour semer et mûrir ces grandes moissons qui bénissent la vie morale d'une nation, d'une époque, d'un monde (*Ecoutez*). Des gerbes si précieuses pour toute la famille humaine demandent de longues années avant de récompenser, par l'abondance de leur produit, les travaux de la force et de l'espérance qui ont déposé le grain dans le sol. Je vous prie tous de bien remarquer que c'est là une observation tout à fait pratique, et non pas une vaine imagination. C'est un fait auquel nous devons nous attacher aujourd'hui avec une satisfaction particulière. Nous sommes en ce moment sur la limite qui sépare deux périodes. Ce qui sera recueilli par l'humanité dans celle que nous entrons, dépendra en grande partie de ce qui a été semé dans celle d'où nous sortons. (*Ecoutez, écoutez*) !

Pour continuer la figure, quel a été le caractère particulier des semailles de ces dix dernières années ? Si l'on examine avec attention les principales idées et les principales œuvres qui s'y sont fait jour, on verra, je pense, qu'elles ont eu un caractère tout *international*. Plus que dans aucune autre période de l'histoire, nous avons vu des entreprises internationales se produire dans toutes les directions, même pour d'inoffensives rivalités où il ne s'agissait que de force musculaire et d'adresse, telles que les courses de bateaux en mer ou sur des rivières. Les grandes œuvres de cette décade ont été internationales. Les vastes et audacieuses conceptions de la science des ingénieurs ont été internationales. Quantités d'entreprises, étonnantes par la foi qu'elles annoncent dans les ressonrces de la science, du capital et du travail, font partie du catalogue des plans développés depuis 1860 par des associations internationales. Examinez-les dans l'ordre de leur succession, et vous verrez d'un coup-d'œil que chacune d'elles, non-seulement en suggère une autre, mais la transforme en un grand fait. Nous voyons d'abord le *Great-Eastern* que tout le monde commençait à croire incapable de remplir aucune mission utile ou honorale : le voici qui, comme un géant, traverse les océans, déposant dans leurs profondeurs les fils électectriques, ces nerfs de la pensée, et amenant ainsi les deux moitiés du monde à se rapprocher pour ainsi dire leur lèvres pour s'entretenir ensemble. (*Bravos et applaudissements*). Puis, nous avons le canal de Suez, qui comme un bras gracieux s'allonge entre deux mers, et leur permet d'embrasser deux continents, renfermant dans cette amicale étreinte une douzaine de nations commerçantes (*Ecoutez*). Depuis le jour de la création, quelle œuvre humaine a jamais été accueillie par des transports plus unanimes que l'ouverture de ce canal, grandiose entreprise accomplie par une association internationale? (*Acclamations*). Voyez ensuite le noble cartel que la France adresse à l'Italie, non pour se rencontrer l'épée à la main sur un champ de bataille, mais pour aller l'une au devant de l'autre la pique et la bêche à la main, en creusant dans les flancs des Alpes, aux pieds de ces puissants massifs qui séparaient les deux pays un passage qui le rapproche. (*Nouveaux bravos*). Voyez avec quelle assurance les ingénieurs et les capitalistes parlent d'un tunnel ou d'un pont à construire entre la France et l'Angleterre, soumettant ainsi à leur domination ce bras de mer qui sépare les deux puissantes voisines. (*Ecoutez*). Voyez ces projets qui surgissent de tous côtés pour creuser des canaux, percer les montagnes, abaisser les barrières; pour annuler les distances qui éloignent les unes des autres les nations civilisées, et mêmes celles qui les séparent ensemble des nations non-civilisées. Les capitales des deux hémisphères commencent, grâce à cette communication électrique qui traverse les mers, les îles et les continents, de toutes les zones et de toutes les latitudes, à sentir battre à toute heure le pouls de l'humanité entière. (*Oui, oui, bravos*). Passez dans le Nouveau-Monde, et vous verrez des œuvres internationales du même genre, de la même tendance, que l'on est en train d'accomplir sur une grande échelle. En un certain sens, le chemin de fer du Pacifique est plus qu'une œuvre internationale. Il réunit deux parties du monde, l'Est de l'Asie et le Nord de l'Amérique qui ont de tout temps passé pour les plus éloignées et les moins connues. Il met, pour ainsi dire, en présence, à portée de la voix la civilisation la plus ancienne, et la civilisation la plus jeune de notre globe. On peut penser que chaque année cent mille Chinois ou Japonais rencontreront en Amérique trois cent mille émigrants de la vieille Europe ; et la puissance d'assimilation de la race anglo-saxonne exercera sur les populeux empires de l'extrême Orient un effet que ni Confucius ni le christianisme n'avaient jamais rêvé. (*Ecoutez, écoutez.*) Mais à peine a-t-on mis les derniers rails à ce chemin de fer qui traverse le Nouveau-Monde dans toute sa largeur, que déjà l'on songe à percer l'isthme de Darien par un canal plus large et plus profond que celui de Suez, de façon à ouvrir ainsi aux navires de tous les peuples une grande route qui abrégera le parcours de la moitié du diamètre du globe. (*Bravos*). Je me hasarderai même à mentionner parmi ces œuvres et ces réalités internationales un port de lettre transocéanique à dix centimes (*an ocean's penny postage*): dernier legs de la décade qui s'en va à la décade qui s'ouvre. Toutes ces grandes entreprises ont pour la plupart été connues et exécutées pendant ces dix dernières années. Elles sont la semence qui doit porter des fruits dans les dix années qui commencent. Nous ne pouvons pas dire, en effet, que cette semence ait levé immédiatement pour ceux qui l'ont répandue : c'est l'avenir qui verra les moissons ; ce sont les jeunes hommes de notre génération qui auront à reconnaître cette dette, à faire fructifier ces semailles, et à préparer à leur tour ce qu'ils devront semer pour les décades de l'avenir. *(Applaudissements).*

Appliquons maintenant ces réflexions à la grande cause que nous avons tous à cœur de soutenir et de faire prospérer. Nous avons jeté un coup d'œil sur quelques-unes des plus grandes entreprises qui, dans ces dix dernières années, aient réuni les efforts de travail et de bon vouloir de plusieurs nations. Je ne veux en exagérer ni la signification, ni l'influence en faveur de la paix permanente et universelle. Admettons, si vous le voulez, que ces entreprises aient été principalement inspirées par l'intérêt commercial ; que le premier objet fût d'abréger les distances, de favoriser et de faciliter les transactions et les affaires commerciales ; toujours est-il que ces relations multipliées sont autant de liens puissants qui unissent les nations entre elles. *(Oui, oui, écoutez!)* Ce sont plus que des liens : ces relations font de la paix et de l'amitié une aspiration aussi bien qu'un intérêt. Elles manifestent ce sentiment autant qu'elles le favorisent. Elles ont pour origine non-seulement le désir d'une paix permanente, mais la foi en la permanence de la paixentre les peuples. *(Écoutez)*. Sans cette foi, aurait-on conçu, aurait-on réalisé de tels projets ? Que deviendrait le canal de Suez, que deviendraient ses actionnaires, s'ils croyaient à la probabilité d'une guerre entre l'Angleterre et la France, qui détruirait ce magnifique ouvrage ? *(Tres-bien, très-bien)*. Chacun de ces grands travaux est un nouveau lien de fraternité entre les nations. Chacun d'eux est, par conséquent, un auxiliaire pour notre cause, auxiliaire qui travaille nuit et jour, et jamais avec plus de succès que dans les moments où les préjugés et les amours-propres nationaux s'élèvent en nuages menaçants. *(Bravos et applaudissements)*.

Avant d'en venir au point spécial que je voudrais développer et recommander à tous les hommes qui pensent, laissez moi mentionner une autre œuvre internationale qui est pleine d'enseignement. Vous avez tous lu que, immédiatement après l'ouverture du canal de Suez et à cette occasion, il a été institué en Égypte un tribunal véritablement unique. C'est, en miniature, une sorte de Haute-Cour des nations, chargée d'apprécier les difficultés ou les conflits qui pourraient surgir, en Égypte, entre individus de nationalités différentes. Cette Cour se compose de juges appartenant à plusieurs nations. Pour la composition, pour le caractère, et pour l'objet qu'elle poursuit, elle ressemble tout à fait à cette Haute-Cour des nations que la Société de la Paix réclame depuis si longtemps, pour la solution des difficultés internationales *(Vive approbation)*.

Maintenant, cette Haute-Cour en Égypte, et tous ces grands travaux internationaux que nous avons mentionnés, ils sont dus à la foi, à l'espérance, au travail, aux efforts, non pas des masses, mais d'un certain nombre d'individus. Ces puissantes entreprises qui intéressent le bien-être de l'humanité, elles ont été conçues et réalisées par des hommes agissant individuellement. Présentons cette leçon avec énergie aux Pouvoirs qui gouvernent le monde chrétien *(Bravos)*. Si des individus ont pu faire toutes ces choses, s'ils se disposent à en faire de plus grandes encore, quelle honte que de puissants gouvernements ne se mettent pas à l'œuvre pour agir dans la même direction ! *(Vive approbation)*. Ah ! si ma faible voix pouvait monter jusqu'àeux, voici ce que je voudrais faire retentir à leurs oreilles :—« Voyez quelles œuvres internationales des individus sont occupés à faire pour le « bien du monde ! Voyez d'un autre côté ces millions de vos sujets qui, sous le poids écrasant de « votre système de paix armée, s'enfoncent dans « le paupérisme, dans l'ignorance, dans le crime :

« et ce poids s'augmente tous les jours, en face « de ces magnifiques entreprises tentées par des « individus pour soulager les maux de l'humanité « *(Ecoutez)*. N'est-il pas temps pour vous de dimi- « nuer le pesant fardeau dont votre système mili- « taire charge les épaules des masses travailleuses, « et qu'il impose, aux dépens de leurs sueurs, à « toutes les industries du monde chrétien? *(Bravos)*. « Si des individus peuvent former des associations « internationales de science, de travail et de capi- « taux en vue de telles entreprises, ne pouvez- « vous pas, vous, et entre vous, former des « associations, conclure des traités internationaux « d'arbitrage, pour arriver à un désarmement pro- « portionnel et simultané? *(Nouvelle approbation)*. « Si des individus peuvent, par leur propre initiative, « former en Egypte une Haute-Cour d'appel inter- « tionale, ne pouvez-vous pas instituer, vous, une « Haute-Cour des nations, qui non-seulement ren- « drait la guerre impossible dans le monde chrétien, « mais qui montrerait que votre système de paix « armée est un anachronisme, une folie, un crime, « une honte ? N'est-il pas temps d'agir quand vous « voyez, quand vous entendez, dans tous les champs « fertiles de l'Europe, la misère et les cris de dou- « leur de ces classes travailleuses qu'affame votre « système *(Longs et unanimes applaudissements)*? »

Pardonnez-moi, mes amis, si vous me trouvez

trop ardent à demander l'allégement du fardeau que le système de la paix armée fait peser partout sur la tête des masses travailleuses. Si c'est la dernière fois que je dois paraître sur cette estrade, je voudrais avant d'en descendre exprimer toute ma sympathie personnelle pour ces classes, et mon vif espoir que le triomphe de notre cause sera pour elles aussi l'aurore d'un meilleur avenir. Pendant toutes les années que j'ai travaillé pour notre société, je n'ai pas cessé de regarder avec tout l'intérêt d'une sympathie personnelle si je ne voyais pas poindre cette aurore. J'ai été toute ma vie un énergique travailleur : aujourd'hui que cette vie descend vers son déclin, je ne rougis pas, je tiens au contraire à honneur de dire que personne, sur les deux bords de l'Atlantique, n'a mis la main à plus de travaux manuels que moi (*Approbation*). Que ce soit mon excuse, s'il m'en faut une (*Non, non, très-bien*), pour l'insistance avec laquelle je demande qu'on allége le fardeau qui pèse en tous pays sur les masses pauvres, grâce à ce déplorable système de la paix armée (*Bravos*) Mais sont-ce ces masses là, hélas ! qui dans le monde chrétien se plaignent le plus amèrement de ce fardeau, et qui demandent le plus ardemment la suppression de ce joug ? (*Ecoutez*). Rappelez vous ce qui s'est passé il y a quelques semaines en Angleterre quand le chancelier de l'Échiquier annonça qu'il avait un surplus de deux ou trois millions de livres sterling dont il pouvait disposer pour diminuer les impôts. Quelles furent alors les classes qui demandèrent le plus bruyamment une diminution? Ce ne furent pas les ouvriers, ce furent les riches marchands-brasseurs qui réclamèrent, afin de pouvoir vendre à meilleur marché, mais aussi en plus grande abondance, ces flots de bière qu'ils fabriquent pour les masses, et d'accroître ainsi leurs profits *(On rit)*. Quelle variété d'autres intérêts demandèrent encore leur part de l'excédant annoncé par le chancelier ! Et quel concert de protestations reconnaissantes fut entendu à cette occasion! *(Nouveaux rires)*. Espérons que tant de gratitude montrée pour un bienfait si minime encouragera le gouvernement à faire de nouveaux pas dans ce sens *(Rires et applaudissements)*. Supposez par exemple qu'il adopte l'une des grandes idées de Richard Cobden. Supposez qu'il s'entende avec la France, avec la Prusse, avec l'Autriche, avec la Russie pour réaliser, dans l'intérêt de tous, une des plus simples propositions d'Euclide, celle-ci par exemple : « Si de deux quantités égales vous retranchez des parties égales, les restes seront égaux » *(Explosion d'hilarité)*. En d'autres termes, supposez que ces gouvernements s'entendent pour faire une réducton *simultanée et proportionnelle* de leurs armements *(Bravos prolongés)*, réduction qui permettrait à l'Angleterre et à la France seules d'économiser chacune 10,000,000 de livres sterling (250 millions de francs) par an, et les autres nations dans la même proportion *(Nouvelle approbation)*. Pensez donc à ce qui adviendrait ! Le 5 avril prochain, comme premier résultat de cet arrangement, le chancelier Lowe annoncerait un excédant disponible de 10 millions de livres, ce qui lui permettrait de diminuer d'autant les taxes du pays. Quelle joie et quel tressaillement d'un bout à l'autre du royaume, de Land's End à John O'Groats ! Des millions de pauvres âmes littéralement écrasées sous le faix croiraient que c'est le *Millenium* en personne qui frappe à leur porte en demandant à entrer *(Bravos)*. Même joie électriserait la nation française quand elle verrait diminuer de 250 millions de francs le budget d'une année *(Approbation)*. Je le demande à tout homme de bon sens, connaît-il une mesure plus capable que celle-là de dissiper pleinement et pour toujours l'idée chimérique d'une invasion française d'un côté, d'une intention hostile de l'autre *(Triple salve d'applaudissements)*. Voilà donc une œuvre internationale d'une importance incalculable, à laquelle il faudrait que les gouvernements missent la main sans perdre une minute *(Oui, oui, c'est cela)*. Pressons-les d'entrer dans cette voie, au nom et à l'exemple des grandes œuvres internationales que des volontés individuelles ont conçues et accomplies. Efforçons-nous d'unir toutes les classes et tous les partis, dans tous les pays, pour amener cet heureux résultat *(Approbation)*. Toutes ces forces nouvelles de l'opinion et de la discussion publique, qui viennent d'être admises à influer plus activement.sur la marche des gouvernements et sur la législation des peuples, tâchons de les enrôler sous nos drapeaux ; et grâce à la volonté unanime de toutes les masses du monde chrétien, nous parviendrons à affranchir notre civilisation, notre christianisme, du despotisme et de la démoralisation de cette vieille barbarie des siècles païens (*Longs et bruyants applaudissements*).

L'orateur conclut en proposant la résolution suivante :

« Ce meeting, regardant les armements énormes dont les divers gouvernements de l'Europe se menacent les uns les autres en temps de paix, comme une source de pertes incalculables, de souffrances et de démoralisation pour les peuples et comme compromettant la paix des nations, voit avec autant d'intérêt que de satisfaction les propositions qui ont été faites récemment dans plusieurs législatures européennes en faveur du désarmement international, et nourrit le ferme espoir qu'avant la fin de la présente session, le même sujet sera mis à l'ordre du jour dans le Parlement anglais » *(Les applaudissements éclatent de nouveau)*.

Mr Alfred Illingworth, *M. P.*, en appuyant la résolution, dit que tout le monde doit avoir été frappé du caractère extraordinaire qu'a présenté la séance actuelle, et qu'il est convaincu que l'éloquence déployée ce soir exercera une grande influence sur la marche de la question. Comme membre du Parlement, il tient à dire que les Parlements n'ont à cet égard aucun pouvoir, à moins qu'ils ne soient appuyés par d'éclatantes manifestations de l'opinion publique. Après avoir fait allusion à l'enquête parlementaire sur les dépenses de la guerre d'Abyssinie, il dit qu'il est impossible de concevoir une guerre économique. La vie publique anglaise ouvre de grandes facilités à l'action de la Société de la Paix, et il espère qu'on profitera de cet avantage avant les prochaines élections générales, pour éclairer de plus en plus le public sur le caractère impolitique d'une guerre quelle qu'elle soit *(Approbation)*.

Mr Charles Reed, *M. P.*, ajoute quelques mots à l'appui de la proposition. Il dit qu'il ne saurait comprendre comment un homme, quel qu'il soit, pourrait se hasarder à parler encore après les éloquents discours qui viennent d'être entendus, après ces paroles brûlantes de sagesse et d'amour que tous devront emporter dans leurs cœurs pour les y peser. La France nous a envoyé un message, dit-il, et en entendant M. Passy, je me suis senti fier de la langue anglaise; car vraiment cet homme éloquent m'a paru plus éloquent encore en anglais qu'en français *(Approbation)*. L'Inde aussi nous a envoyé un représentant; et, après avoir entendu ses nobles paroles, qui donc oserait encore parler de la dégradation fatale de la race hindoue ? *(Approbation)*. Et quant au noble fils de l'Amérique *(Applaudissements)*, prêt à nous quitter pour traverser l'Atlantique, qu'il rapporte à ses compatriotes ce témoignage que le peuple anglais est résolu — inébranlablement résolu — à ne pas se laisser engager dans une guerre avec les Américains *(Applaudissements)*.

J'ai senti, vraiment, ajoute M. Reed, que j'appartiens presque à la « Société des amis. » Avez-vous remarqué en effet combien les passages cités par notre ami Hindou, ces passages qui respirent la paix et le pardon, expriment les sentiments mêmes que les *Amis* professent en commun? Mais ma tâche est achevée. J'ai seulement à dire, comme membre de la législature, qu'il y a deux questions de la plus haute importance pour l'avenir des masses ouvrières, celle de la tempérance et celle de l'éducation, sur lesquelles j'espère que la législature et le pays porteront la plus sérieuse attention *(Applaudissements)*.

La *résolution* est mise aux voix et adoptée. Le vote de remerciements pour le président, proposé par le Rév. A. Mursell, et appuyé par le Dr Ellis, termine la séance.

RAPPORT ANNUEL DE LA SOCIÉTÉ DE LA PAIX POUR L'ANNÉE FINISSANT AU MOIS DE MAI 1870 (1).

Le Comité de la Société de la Paix regrette d'avoir à commencer son rapport, comme il l'a déjà fait trop souvent, par la mention de vides regrettables que la mort est venue faire dans les rangs de nos amis. Nous avons à regretter d'abord M. George Thomas, de Bristol, qui pendant de longues années, par ses judicieux conseils, par la générosité de ses souscriptions, par la constance de son attachement à la cause de la paix à travers la bonne et la mauvaise fortune, a rendu à la Société d'inappréciables services. Une autre perte bien triste est celle de M. Henry Sterry qui a été longtemps membre du comité et qui a déployé, en cette qualité, tant que sa santé le lui a permis, un zèle et une activité à toute épreuve. Son intérêt pour la société ne s'est jamais démenti, et dans son testa-

(1) Ce rapport, trop étendu, comme il a été dit ci-dessus, pour être lu à la réunion publique, est imprimé en tête du compte-rendu de cette séance dans le *Herald of Peace* du 1er juin

ment il lui a laissé un legs de cinquante livres (fr. 1250).

Mais si les anciens amis s'en vont, le comité se réjouit de voir à la place de ces vétérans anciens de nouvelles recrues: le drapeau que laissent échapper des mains glacées par la mort, des mains plus jeunes le relèvent, bien déterminées à le porter en avant, jusqu'à ce que la bénédiction du *Prince de la Paix* ait fait triompher nos efforts.

Les travaux du Comité pendant l'année peuvent se partager en deux catégories; ceux qui ont eu lieu dans le pays (l'Angleterre) et ceux qui concernent l'étranger. A leur tour, les premiers peuvent être divisés en deux sections: ce qui a été fait par la parole vivante, sous forme de conférences, de réunions, de meetings ; et ce qui a été fait par la voie de la presse, soit que l'on ait agi par des publications distinctes, soit que l'on ait mis à profit le bienveillant concours que la presse périodique nous a offert pour la propagation de nos principes.

Quant au premier point, le comité a à faire connaître que pendant toute l'année deux conférenciers et pendant une grande partie de l'année trois ont été constamment en campagne, tenant des meetings et faisant des conférences dans les villes et dans les villages. En attaquant ainsi sur tant de points la surface de la société, en exerçant paisiblement leur influence sur tant de milliers d'auditeurs qui ont eu l'occasion de les entendre, le comité ne doute pas que ces honorables représentants n'aient répandu et fait pénétrer dans le public de saines et salutaires idées sur la question de la paix et de la guerre.

Conférences de M. Stokes.

M. Stokes a continué ses travaux dans le Nord avec zèle et avec un succès croissant.

La fermeture du bureau de Manchester, par suite de la réunion des deux Comités de Londres et de Manchester, a considérablement augmenté les facilités fournies à M. Stokes pour ses travaux.

La transition de l'ancien mode d'action au nouveau a été assez lente, à cause de la difficulté de s'assurer quelque coopération dans les villes et les villages de ce populeux district. Mais cette difficulté tend à se dissiper, et naturellement nous voyons augmenter d'autant les moyens d'atteindre les masses par des discours ou par des réunions.

Indépendamment de ce qu'il a pu faire par la voie de la presse et par des visites personnelles pour préparer l'œuvre de l'avenir, M. Stokes a pris la parole ou tenu des meetings à Stacksteads, Meltham (2 fois), Holmfirth (2 fois), Stafford, Lees (2 fois,) Warrington (2 fois), Widnes, Stockton-on-Tees, Yarm, Northallerton, Thirsk, Slaithwaite Honley (2 fois), Oldham (2 fois), Gargrave, Knarasboroug, Lumb (3 fois), Manchester (3 fois), Rawtenstal, Burnley (2 fois), Preston, Waterfoot, St. Helen's (Lancashire), Todmorden, Accrington, Littleborough (2 fois), Elland, Church, Ashton-under-Lyne, Hyde, Blackburn, Crawshawbooth, Radcliffe (2 fois), Heywood, Tyldesley, Chowbent et Leigh.

A chacune de ces occasions, les traités de la Société de la Paix ont été distribués en abondance quoique avec discernement ; et dans beaucoup de cas où des conférences n'avaient pu avoir lieu, M. Stokes a distribué lui-même ces traités de maison en maison ; ses observations personnelles et ses recherches l'ont convaincu que, dans cette partie importante du royaume, l'opinion publique se prononce de plus en plus en faveur de l'arbitrage et de la réduction du budget de la guerre.

M. Stokes tient à ajouter aussi qu'il a réuni des matériaux pour l'exécution de la promesse qu'il a faite dans le *Peace Herald* (ou Messager de la Paix) au mois d'août dernier, de faire une série d'articles sur l'*Histoire de la guerre dans l'Europe chrétienne depuis l'introduction du Christianisme jusqu'à nos jours.* Son objet serait de montrer que le maintien de la guerre est dû surtout à l'infidélité de l'Église chrétienne en général, et il espère que ce travail sera lu par les lecteurs du *Herald* avec autant de sympathie que l'a été celui qu'il a déjà donné sur l'histoire de la guerre en Angleterre pendant le siècle actuel.

Conférences de M. W. H. Bonner.

Pendant la première partie de l'été de l'année dernière, M. Bonner a continué activement ses conférences sur la Paix dans l'Ouest de l'Angleterre, son champ de travail de prédilection. Prenant Plymouth pour centre de ses opérations, et travaillant surtout dans le voisinage immédiat de cette grande station navale et militaire, il prononça vingt-huit discours dans les localités suivantes :

Taunton, Plymouth, Devonport, Stonehouse, Morice Town, Crediton, Exeter, Torpoint, Oreston, Hooe, Staddiscombe, Holbeton, Plympton, Plymstock, Sidmouth, Ottery St. Mary.

Pendant les mois de juillet et d'août, M. Bonner interrompit ses travaux, les chaleurs et les longs jours ne lui permettant pas de tenir avec succès des meetings dans des locaux fermés. Mais il les reprit en septembre, en commençant par des visites à Honiton, à Sidmouth, à Ottery et à Plymouth. Puis il passa dans le Cornouailles, passa jusqu'à Redruth et prononça dix-neuf conférences ; ce qui fait, avec les précédentes, un total de quarante-sept. Il avait pris des dispositions pour une vigoureuse campagne d'automne, quand une maladie soudaine vint l'empêcher de réaliser ses plans et mettre, le 11 octobre, un terme à cette précieuse existence. La Société de la Paix a perdu en lui un ouvrier utile et zélé, dont on conservera longtemps le souvenir, et particulièrement dans l'Ouest de l'Angleterre, où ses services et ses qualités personnelles lui avaient fait beaucoup d'amis. Quelques-uns de ces derniers adoucirent ses dernières heures par leurs soins attentifs et s'occupèrent avec empressement de ses funérailles. Le Comité se plaît à reconnaître la prompte et généreuse libéralité avec laquelle de nombreux amis de la Société de la Paix, dans l'Ouest de l'Angleterre et dans d'autres parties du pays, l'ont aidé à trouver des fonds pour venir en aide à la veuve et aux orphelins de leur ancien collaborateur.

Conférences de M. O'Neil.

M. O'Neil résume ses travaux de la manière suivante : « Autrefois les mois d'été nous offaient peu d'occasions de nous faire entendre en public ; mais cette année, l'œuvre a commencé peu après notre assemblée annuelle.

(1) Meetings pendant lesquels on fait circuler au milieu de l'assistance du thé et des tartines.

« Beaucoup de « *tea meetings* » (1) tiennent pendant l'été dans les Midlands, quelques-uns dans des tentes, d'autres dans des salles publiques. Au lieu d'allocutions après le thé, on préfère souvent avoir des « lectures. » La prédication de la Paix réunit ainsi de vastes auditoires que l'on ne trouve pas d'ordinaire à d'autres conférences.

« Les sermons sur la paix deviennent plus fréquents. En mai et juin, cinq grandes assemblées ont entendu prêcher les principes de la paix du haut des chaires, et avec l'autorité de l'Evangile. Trois de ces sermons ont été prononcés dans des salles publiques, et deux dans la Chapelle de la rue Newhall, à Birmingham, *Chapelle où, depuis vingt-neuf ans, on prêche tous les ans un sermon sur la paix le dimanche le plus rapproché de l'anniversaire de Waterloo.*

« Depuis la fin de juin jusqu'au milieu d'août, on a renouvelé la tentative d'avoir des meetings de la paix en plein air, et cette tentative a parfaitement réussi. Sur vingt-six meetings annoncés, quatre seulement ont échoué par suite du mauvais temps ; encore a-t-on pu les tenir dans des chapelles ou des salles qui avaient été éventuellement retenues dans la prévision de la pluie. Quelques uns de ces meetings ont été tenus dans des villages qui n'avaient pas encore été visités ;

on aurait dit parfois que la population tout entière y assistait ; et l'intérêt qu'elle y prenait, les remercîments qu'elle exprimait étaient réellement touchants. Quel vaste champ, inexploré encore, s'ouvre devant nos travaux ! On vient de faire une expérience dans la grande ville de Walsall. Quatre meetings ont été tenus dans les faubourgs, et un autre plus considérable sur la grande esplanade du champ de courses. Mille personnes environ assistaient à ce dernier. L'œuvre était rarement laissée aux mains d'un seul. De nombreux amis de la paix accompagnaient le conférencier d'une place à l'autre, en fournissant les moyens de transport, de sorte que ces excursions étaient un plaisir en même temps qu'un devoir. Pendant le jour on trouvait quelques auditeurs très attentifs dans les écoles nationales, (*British*) et autres. L'histoire de la guerre captive toujours la jeunesse.

« Sans parler des sermons ou des discours prononcés dans les écoles, l'œuvre de l'été a compris trente-et-un meetings tenus dans les localités suivantes :

« Bedworth, Whitchurch (Salop), Pontesbury, Minsterley, Birmingham, Eatington, Hineton, Heathtown, Pleck et Birchhills (près Walsall), Bloxwich, Portobello, Palfrey (près Walsall), Wellsbourne, Barford, Rycroft (près Walsall),

Sedgley, Dodford, Rushall, Swan, Village, Walsall, Can Lane, Ettingshall, Walsall Wood, Coppice, Coseley, St. George's, Blakenhall, Horsleyheath, Pelsall, Aldridge et Chasetown.

« La visite régulière et systématique du district du centre a commencé avant la fin d'août et continué jusqu'aux environs de Noël. Le programme des sujets était à peu près le même partout. Il contenait les principes généraux de la Société de la Paix ; mais on donnait des explications détaillées sur les moyens pratiques de maintenir la paix, comme la non-intervention, l'arbitrage, les traités de commerce, le désarmement simultané, la réduction des taxes militaires.

« On pourra se faire une idée de la variété d'aspects sous lesquels il faut présenter l'œuvre de la Paix, quand on saura que nous avons souvent reçu, en un seul mois, des appels venant de sept classes différentes de personnes, très-éloignées les unes des autres sur beaucoup de points, mais toutes également intéressées dans la grande question de la paix. Ce sont d'abord les « Amis de la Paix », qui ont dans quelques villes un Comité local, et qui tiennent au moins un meeting par an. Puis les associations chrétiennes de jeunes gens, pour qui c'est toujours une joie de parler de la paix. Puis d'autres Sociétés plus générales d'instruction mutuelle ou de littérature demandent avec ardeur des « lectures » pratiques sur l'histoire de la guerre ou sur les moyens de la paix. Des débats importants s'engagent parfois pendant des semaines entières, et avec les plus heureux résultats, sur des sujets de ce genre, et les demandes que l'on fait de livres, de documents, d'informations, montrent un réveil d'attention qui est plein d'espoir. Beaucoup de lectures ont été faites aux Associations ouvrières pour la réforme ou d'autres mouvements politiques. L'influence de la paix sur le commerce et sur les impôts commande toujours l'attention de cette classe importante avec laquelle le conférencier a entretenu des rapports intimes depuis nombre d'années. Une cinquième section est souvent fournie par la tendance croissante des Sociétés de commerce à recourir à l'arbitrage pour vider les différends. Expliquer et recommander ce plan, encourager l'indulgence réciproque et l'amitié entre les classes sociales, a été fréquemment l'utile objet des travaux de nos agents. En sixième lieu, nous recevons fréquemment des Sociétés de tempérance des invitations pour des « lectures » où l'on montre la connexion qui existe entre l'usage des boissons fortes et les violences de la guerre ou des querelles particulières. Les amis de la tempérance doivent se réjouir à la pensée que désormais le gouvernement ne permettra, ni que les recrues soient enrôlées pendant l'hiver, ni que des agences de recrutement se tiennent dans des cabarets *(public houses)*. Enfin, l'avocat de la paix est souvent invité à montrer la liaison déplorable de la guerre et du système militaire avec la maladie et le vice, et ces conséquences fatales qui appellent douloureusement, en ce moment même, l'attention des honnêtes gens. Heureux serait l'instituteur public qui pourrait se rendre utile en plaidant successivement toutes ces grandes causes. Voilà tout autant de modes d'activité qui sont ouverts devant nous; si seulement nous avions et des hommes, et des ressources en plus grande abondance! Nous avons accès en plus de. lieux que jamais; les écoles et les chapelles de presque toutes les dénominations nous sont ouvertes, depuis la « chapelle nue comme une grange » au hameau, jusqu'à la grande église gothique des dissidents modernes : et même le conférencier a pu parler dans une église paroissiale, le bon vicaire regrettant seulement de ne pouvoir légalement accorder la chaire. »

L'action variée et continue décrite ci-dessus a continué avec un grand succès jusqu'à la fin de l'année 1869, où la marche des événements publics rendit nécessaire l'adjonction au programme d'une question nouvelle et profondément intéressante. Avant de la mentionner, nous allons donner la liste des localités visitées dans la seconde période des meetings de l'année : elles sont au nombre de soixante-huit, savoir :

Polesworth, Gornal, Bradley, Brownhills, Brettel Lane, Madeley, Shiffnal, Redditch, Dudley, Cradley Heath, Dudley-Woodside, Ashorne, Foleshill, Princes-end, Kingswinford, Wordsley, Brierley Hill, Bilston, Leamington, Langley, Rugeley, Dudleyport, Oldhill, Oldbury, Rowley, Lye, Kidderminster, Greatbridge, Wednesfield, Hetherton, Webheath, Quinton, Cradley, Stourport, Bewdley, Westbromwich, Banbury, Horsleyheath, Halesowen, Dawley, Oakengates, Smethwick, Seabrook, Hechell's, Willenhall, Kenilworth, Aston, Coseley, Wolverhampton, Warwick, Drayton, Atherstone, Birmingham, Stoke-Prior, Nuneaton, Wilnecote, Sponlane, Springhill, Longlane, Glascote, Tipton, Brockmoor, Blockley, Naunton, Stow-on-the Wold, Leek, Oakamoor, et Bloomfield.

A la fin de Décembre, on crut utile de donner à la question irlandaise une place marquante dans les « lectures » de la Paix. Tous les yeux se tournaient vers l'Irlande; tout le monde se lamentait sur la pénible anomalie de ces violences et de ces destructions qui avaient lieu pour ainsi dire à nos portes, tandis que nous étions en paix avec toutes les nations. On fit la remarque que la Société de la Paix avait recommandé de résoudre les difficultés par l'arbitrage, et avait réussi à éviter des guerres et des grèves : ce même plan, pensait-on, pouvait s'appliquer aux dissentiments qui avaient lieu en Irlande entre le propriétaire et le locataire du sol.

« L'intérêt s'accrut quand on apprit que le *Land Bill* (projet de loi sur la propriété foncière,) proposait de recourir à cette même mesure. Quand on expliqua publiquement la question de l'arbitrage et d'autres semblables comme applicables à l'Irlande, on jugea à propos d'inviter les Irlandais à assister à ces conférences. Ils répondirent en général à cette invitation avec empressement ; leur confiance et leur attention étaient gagnées. On en voyait quelquefois jusqu'à une centaine parmi les auditeurs, et quelques-uns même y prirent la parole. Un monsieur irlandais, membre du Town Council (Conseil municipal?) dit, en appuyant une résolution, que « le principal besoin de son pays était cette bienveillance, cette indulgence réciproque, ce respect de la vie humaine, dont l'orateur venait de parler si bien. »

Les journaux qui rendaient compte de ces meetings ont été envoyés par toute l'Irlande aux amis des personnes qui y assistaient, et on commence à remarquer un changement réel dans les sentiments de certains districts de ce pays. Le temps viendra bientôt où les amis de la Paix devront aller eux-mêmes proclamer leurs vues au milieu des Irlandais, avec l'espoir que bénis par le

Dieu de la paix, ils pourront calmer les passions et dissiper les rancunes qui existent entre les différentes classes. C'est avec cette importante addition que le programmé ordinaire des sujets de la Paix a été présenté 64 fois le soir devant de fort beaux auditoires, depuis le commencement de Janvier jusqu'à aujourd'hui, dans les localités suivantes :

« Birmingham, Tamworth, Wellington, Ironbridge (deux fois), West Coseley, Helley, Broseley, Westbromwich, Dudley, Saint George's, Brierley Hill, Croadway, Bharlbury, Milton, Wednesbury, Shrewsbury, Stourbridge, Burslem (deux fois), Turnstall, Witheath, Stoke-on-Trent, Hamley, Pershore, Witney, Chipping Norton, Chadlington, Smallthorn, Kidsgrove, Swan Village, Gooldsgreen, Longton, Silverdale, Moxley, Wilmcote, Stratford-on-Avon, Darbyhand, Gornalwood, Chesterton, Newcastle (Staffordshire), Droitwich, King's Norton, Bromsgrove, Handsworth, Hursthill, Aston, Newtown, King's Heath, Deritend, Wednesfield Heath, Condicote, Winchcombe, Brochampton, Bloxwich, Longford, Alvechurch, Attleborough, Derby, Wenlock, Coventry, Hinkley, Walsall, Earl Shilton, et Wolvey.

En résumé, ces trois séries font ensemble cent soixante-trois meetings pour la paix tenus cette année dans les Comités du centre dans le cours de l'année ; dans ce nombre ne sont pas compris les sermons sur la paix, les allocutions dans les écoles et ailleurs.»

Le « Herald of peace » et les autres publications de la Société.

La demande du *Hérald* par les souscripteurs réguliers s'est bien maintenue pendant l'année ; et la distribution gratuite a été considérablement augmentée. En particulier, nous avons inscrit sur nos listes de distribution mensuelle les noms des principaux amis de notre cause à l'étranger, ceux des membres influents des législatures du continent, et des rédacteurs de journaux. Nous avons reçu en retour de nombreux témoignages de reconnaissance, et le Comité a pu voir avec satisfaction que l'on avait souvent fait usage des renseignements fournis par les publications.

On avait aussi remis à un ami zélé de la cause de la Paix, délégué par une Société ouvrière de Londres au Congrès ouvrier tenu à Bâle, une forte quantité des traités publiés par la Société en français et en anglais. Voici ce que notre ami nous écrit à ce sujet :

« J'ai tout lieu d'être satisfait de la manière dont ces traités ont été accueillis par les délégués. J'en avais déposé sur le bureau un grand nombre pour les délégués et les rapporteurs : on les a lus avec intérêt, et cela a donné lieu à beaucoup de discussions particulières. Le dernier jour du Congrès, j'en ai remis un paquet à chacun des délégués en les priant de les distribuer autour d'eux quand ils seraient de retour dans leur pays. D'après la manière dont ils les ont reçus, je crois que tôt ou tard ces quatre-vingts paquets de traités, distribués dans les principales contrées de l'Europe, aideront à convaincre les masses ouvrières que la principale cause de la pauvreté et de leur misère, c'est la guerre. Ces délégués venaient de différentes parties de la France, de l'Autriche, de l'Italie, de l'Allemagne, de la Prusse, de l'Espagne, de la Belgique et d'autres pays. Un délégué de Vienne, homme intelligent qui est dans le journalisme, prit quatre cents de ces traités, et dit qu'il ferait tout ce qui serait en son pouvoir pour aider à l'œuvre de la Paix. Un délégué espagnol, de Barcelone, également dans le journalisme, s'exprima de la même manière, ainsi que le délégué de Naples, qui a une grande influence dans sa ville. »

On s'est occupé en outre des moyens de propager les principes de la paix en Espagne. Plusieurs de nos brochures vont être traduites en espagnol, et des arrangements sont pris pour qu'elles soient à la fois publiées à part et insérées dans les principaux journaux du pays. Peut-être aucune nation n'a-t-elle plus souffert que l'Espagne, pendant des siècles, de la disposition à en appeler immédiatement à l'épée pour régler les différends. Un de ses meilleurs écrivains dit :

« Il est temps que le christianisme en Espagne cesse d'être une religion de guerre et d'extermination, et qu'il se montre doux et bienveillant, libéral et charitable, comme aux jours de son divin Fondateur. L'Évangile triomphera, sans le secours des gouvernements, sans l'appui de la force, des fusils et des canons, pauvre appui, pauvre secours, dont le plus sûr résultat a été de dépouiller de sa céleste puissance la doctrine de Notre-Seigneur Jésus-Christ. »

L'un des récents traités de la Société, « *Du système militaire de l'Europe* », ayant reçu la chaleureuse approbation de l'éditeur d'un almanach destiné aux ouvriers, celui-ci demanda au secrétaire la permission de le reproduire. En conséquence, trois éditions successives furent tirées à deux mille exemplaires pour paraître avec l'almanach. Le correspondant d'un journal de Londres dit à ce sujet :

« Le système militaire de l'Europe » m'a fourni beaucoup de faits importants, tandis qu'un autre traité publié aussi par la Société de la Paix, le « D'où viennent nos énormes impôts ? » répondrait, je crois, d'une manière écrasante, au plus déterminé défenseur de notre dette nationale. »

Quand l'année dernière le mois d'août amena l'anniversaire séculaire de la naissance de Napoléon Bonaparte, le Comité crut devoir profiter de cette occasion pour servir les intérêts de la paix. Il fit donc préparer une brochure où l'on passait en revue la carrière de Napoléon, avec les affreux massacres qui l'ont ensanglantée, et où l'on signalait, d'après ses paroles mêmes et celles de Napoléon III, la possibilité d'un arbitrage international pour éviter ce carnage international. On s'attachait aussi à montrer la supériorité de la grandeur morale, du respect absolu du droit, par exemple, au milieu des persécutions est du mépris, sur ce courage purement animal du soldat excité par l'ardeur de la bataille ou les inflexibles rigueurs de la discipline militaire. Cette brochure fut envoyée à beaucoup de ministres de l'Évangile avec une courte note qui les engageait à en faire le texte d'un sermon pour cet anniversaire : le Comité a appris que dans plusieurs cas il a été tenu compte de cette invitation [1].

[1] Cela a été fait en France également par quelques prédicateurs. Le pasteur Rouville, entre autres, a prêché le 15 août 1869 sur ce texte : « *tu ne tueras point,* » un sermon qui a été imprimé.

USAGE DE LA PRESSE EN GÉNÉRAL.

Pendant tout le cours de cette année, le Comité a eu bien soin de recourir, selon sa coutume, à la presse périodique, comme à un moyen de propagande bien supérieur aux brochures publiées sous les auspices et avec le nom de la Société, brochures qui souvent ne sont lues que par des personnes gagnées d'avance. En adressant régulièrement des articles ou des communications aux principaux journaux, soit de Londres, soit de la province, la Société exerce son influence dans un cercle qui embrasse des millons de lecteurs. Environ 250 éditeurs ont bien voulu envoyer au Comité des numéros de leurs journaux renfermant les articles qu'ils avaient reçus ; et dans bien des cas, ils ont continué leurs insertions toute l'année. L'un d'eux, placé à la tête d'un journal de la métropole, écrit ainsi :

« Le rédacteur éprouve une vive sympathie pour l'objet de votre Société, et trouve qu'il est expliqué au public d'une manière saisissante et remarquable. Il sera heureux de recevoir tout ce qui sortira de votre plume, particulièrement ce qui se rapporte aux pertes que font subir au public ces paniques de guerre si souvent excitées par les parties intéressées. »

Un autre rédacteur d'un journal de province très-répandu nous écrit :

« Il m'est agréable de pouvoir insérer presque toutes vos communications, vu ma sympathie cordiale pour l'œuvre excellente que vous poursuivez. Je vous dis cela pour le cas où vous ne recevriez pas notre journal, et où vous en concluriez que vos travaux demeurent stériles. »

En préparant ces communications, au nombre d'environ dix mille dans l'année, il est certains points que nous avons cherché à mettre particulièrement en relief. C'est ainsi que l'automne et l'hiver dernier, semaine après semaine, des quantités de journaux, sur tous les points du pays, ont donné des renseignements statistiques fournis par le Comité, et montrant la nécessité de réduire les charges navales et militaires et les abus des sinécures. On a montré le vice de ce système qui admet trois amiraux par vaisseau de ligne, et deux généraux par régiment, et qui, d'après les documents officiels, paie de beaux appointements à 79 vice-amiraux, dont quatre seulement tiennent la mer, à 127 contre-amiraux, dont trois seulement sont en mer et six dans le port, et à 720 capitaines dont 51 seulement sont à bord. Dans toutes ces communications, on a exposé à différentes reprises les graves abus auxquels donne lieu la gestion des finances nationales, et la connexion qui existe entre le malheureux état de notre commerce et le fardeau que nous imposent ces armements à tout rompre.

Une autre série d'entrefilets se rapportent à la responsabilité des ministres de la religion au sujet des maux de la guerre. Quand on pense qu'il y a sous les armes, en Europe seulement, plus de cinq millions d'hommes, dans la force et la vigueur de l'âge, quand on pense en outre aux incalculables désordres sociaux et moraux qui découlent forcément des conditions d'existence qui sont faites à ces hommes, on voit de quelle importance il est qu'un corps comme celui du clergé, de toutes les dénominations, élève hardiment et fidèlement sa voix contre le système qui perpétue inévitablement ces conséquences démoralisantes, et avec elles le paupérisme et d'autres misères encore. Les ministres de la religion occupent une position qui leur assure une grande influence ; ils ont chaque semaine, pour ne pas dire chaque jour, l'occasion d'exposer leurs idées devant beaucoup d'auditeurs et avec une grande autorité. Le Comité a donc pensé qu'il devait signaler énergiquement dans la presse ce grand besoin de notre âge, un concours plus efficace de la chaire chrétienne à l'œuvre de la paix, qui est l'œuvre du Christ lui-même.

Dans les journaux que le Bureau a reçus l'année dernière, nous avons remarqué beaucoup d'articles de fond écrits d'une manière fort intéressante, et plus ou moins dans le sens de la Société. Nous mentionnerons entre autres le *Daily Telegraph*, le *Nonconformist*, le *Examiner*, le *Bristol Daily Post*, le *Newcastle Chronicle*, le *Liverpool Financial Reformer*, le *Coventry Herald*, le *Times*, le *Sunderland Times*, le *Eastern Morning News*, le *Cambrian*, le *Illustrated Midland News*, le *South Durham Mercury*, qui ont publié des articles des plus encourageants sur la paix. Ajoutons à cette liste deux journaux de Londres très-répandus parmi les ouvriers, le *Lloyd's News* et le *Reynold's News paper*, qui ont l'un et l'autre inséré à diverses reprises des articles fournis par le Comité.

Tandis que nous mettions ainsi largement à contribution la presse de notre pays, nous trouvions aussi dans les journaux continentaux et américains plus d'accueil que nous n'en avions jamais eu les années précédentes. Quelques-uns des écrits publiés par la société ont été reproduits dans les colonnes de divers journaux aux États-Unis. D'autres journaux, en France, en Prusse, en Allemagne, en Autriche, en Espagne, en Italie, en Suède, en Belgique, en Suisse, en Hollande, ont, non-seulement inséré les communications que le Comité leur avait envoyées, mais encore appelé l'attention du public sur l'objet de la société, et cela dans des articles des plus sympathiques à notre œuvre. Cette coopération du dehors doit être sans doute attribuée principalement au récent voyage qu'a fait notre ecrétaire dans les principales capitales de l'Europe: à part les autres résultats importants de cette visite, cette coopération suffit par elle-même, le Comité en est convaincu, à dédommager amplement notre ami des fatigues de son voyage.

Le Comité saisit cette occasion pour remercier cordialement la presse anglaise et étrangère du concours précieux qu'elle lui a accordé pour l'accomplissement de sa pacifique mission. Il est presque impossible d'exagérer le rôle que la presse périodique joue actuellement dans les relations des peuples. La question de la paix et de la guerre est plus réellement dans la main de ceux qui manient cette arme puissante, que dans celle des cabinets et des Parlements. Le Comité est donc heureux de voir la presse se pénétrer de plus en plus du sentiment de la grave responsabilité qui lui incombe sous ce rapport.

RÉFORME DU DROIT INTERNATIONAL.

Deux ou trois sujets, en rapport plus ou moins étroit avec la question de la paix, ont préoccupé l'attention du Comité pendant l'année dernière. L'un d'eux, c'est l'état peu satisfaisant du droit international concernant la capture de la propriété privée en mer. Il y a quelques années, la société de la paix, agissant conjointement avec le regretté M. Cobden, fit de grands efforts pour engager le gouvernement de ce pays à appliquer toutes les conclusions légitimes de la déclaration faite par les puissances européennes à Paris, en 1856, pour l'abolition du droit de course en mer, en proclamant que le commerce particulier des nations belligérantes était parfaitement libre, sauf pour la contrebande de guerre. Si ce principe avait été adopté à temps, il est au moins très-possible que les complications périlleuses survenues entre les États Unis et nous, à l'occasion des déprédations de l'Alabama eussent été complétement évitées. L'état présent des choses est plein de périls, surtout pour une nation comme la nôtre, qui a en tout temps des richesses considérables sur la mer. En effet, le droit actuel laisse à ceux qui veulent s'en servir des moyens de faire le mal suffisant (l'expérience ne l'a que trop démontré) pour exaspérer les animosités de la guerre, et laisser de nombreux sujets de contestation même quand la guerre est terminée. Le Comité a donc été heureux de pouvoir aider à la discussion de la question en réimprimant sous forme de brochure quelques lettres qui avaient paru dans le *Daily News*, avec la permission de l'auteur, M. W. S. Lindsay, autrefois membre du Parlement pour Sunderland. Ces lettres ont eu une large circulation, spécialement parmi les négociants et les membres des Chambres de commerce. Le Comité a été heureux aussi de recevoir un certain nombre d'exemplaires du discours prononcé devant la Chambre de Commerce d'Édimbourg et de Leith, par M. William Stephens, où le même sujet était traité à fond et de main de maître ; tous ces exemplaires ont reçu la meilleure destination qu'on a pu leur donner.

MESURES DESTINÉES A PRÉVENIR LES FUNESTES EFFETS DE L'INCONDUITE DES SOLDATS.

Dans ce paragraphe, trop technique pour être textuellement traduit, le Rapport expose qu'une autre question, sur laquelle le Comité avait depuis maintes années essayé d'appeler l'attention, s'est enfin, et presque à l'improviste, imposée aux préoccupations du public. Il s'agit des conséquences déplorables qu'engendre le système d'armement actuel, par l'inévitable corruption qu'il répand au sein des sociétés. Tout le monde sait quelle est, la plupart du temps, en Angleterre comme ailleurs, la grossière immoralité des masses d'hommes que rassemble le service militaire, soit de terre soit de mer. Les gouvernements, en général, s'en montrent assez peu préoccupés au point de vue moral : mais ils ont fini par s'apercevoir que la santé, et par conséquent la discipline et la valeur des hommes, en souffraient ; et cette considération les a touchés davantage. Cette préoccupation est attestée en Angleterre au moins, par des mesures récentes qui n'ont en aucune façon l'approbation du Comité, mais qui prouvent que le mal est enfin compris, et qui de plus, par la discussion passionnée dont elles ont été et sont encore l'objet, paraissent avoir secoué enfin d'une manière définitive l'apathie et l'indifférence générale. Les femmes, toujours mêlées en Angleterre à tout ce qui intéresse la religion, s'en sont tout particulièrement émues. Le Comité de la Société a profité de cette émotion pour mettre en lumière la vraie cause, et par conséquent le vrai remède du mal, et il a fait paraître un écrit spécial sur la question. Cet écrit démontre qu'aussi longtemps que les gouvernements s'obstineront à réunir par grandes masses des hommes choisis trop souvent parmi les plus ignorants et les plus grossiers, enlevés d'ailleurs à leurs familles, à leurs affections, à leur métier, et exposés sans aucun des freins naturels de la vie civile à toutes les tentations de l'oisiveté, l'état de choses dont on commence à s'alarmer ne pourra être utilement modifié. C'est à la racine qu'il faut attaquer le mal si l'on veut obtenir quelques résultats ; et c'est pourquoi, dit le rapport, il importe que les femmes, aussi bien que les hommes, se liguent contre ces grands établissements militaires qui ne seront jamais autre chose, quoi qu'on fasse, que des foyers de dépravation et de maladie répandant autour d'eux, par une inévitable conséquence, l'infection morale et matérielle sur les sociétés qui les tolèrent.

VISITE DU SECRÉTAIRE SUR LE CONTINENT.

Pendant l'automne de l'année dernière, le secrétaire, sur la demande du Comité, a visité au nom de la Société les principales capitales de l'Europe. L'objet spécial de cette visite peut être exprimé en peu de mots. Quand on jette un regard sur la condition actuelle de l'Europe, il est impossible de n'être pas frappé d'un mal colossal qui étend son ombre sur la prospérité de toutes les nations. Nous faisons allusion à cette rivalité d'armements qui de plus en plus absorbent les forces des pays européens, soit en hommes, soit en argent. Les effets pratiques de ce système sont déplorables. Il embarrasse les finances des États, impose aux peuples une charge d'impôts et de service réel qui devient intolérable ; c'est une source de misère et de démoralisation pour la société ; bien loin d'être une garantie de paix, il jette continuellement l'inquiétude et la défiance entre les peuples et rend la paix véritable presque impossible : même quand la guerre proprement dite n'existe pas, les nations n'ont pas la paix, mais seulement une trève armée. Quiconque sait observer les signes des temps, remarquera chez le peuple, particulièrement dans les classes ouvrières de l'Europe, un sentiment d'hostilité contre ce système toujours plus profond et qui pourra aisément devenir plus dangereux. L'obstacle qui jusqu'ici empêche de chercher un remède efficace à ce mal est dans la difficulté pour un pays de désarmer tandis que les autres continuent à être armés jusqu'aux dents.

Dans ces circonstances, plusieurs se sont demandé si l'on ne pourrait pas provoquer une tentative de désarmement mutuel et simultané. Déjà, en 1851, M. Cobden avait présenté à la Chambre des Communes une résolution exprimant à peu près la même idée.

Mais, comme le monde a longtemps et vainement attendu que les gouvernements prissent des mesures dans ce sens, on s'est demandé s'il y aurait aucun mal, s'il n'y aurait pas plutôt une haute utilité à ce que les peuples, par leurs représentants légitimes dans les diverses législatures de l'Europe, se missent en communication les uns avec les autres, en vue d'une action commune, pour exercer sur les gouvernements une salutaire influence et favoriser le mouvement désiré. Mais une question se présentait encore : qui prendra l'initiative de cette démarche ? Le Comité de la Société de la Paix, occupé depuis plus de cinquante ans à propager la paix internationale, parfaitement neutre dans les controverses politiques et religieuses, en ce sens qu'il s'est toujours tenu sur le terrain le plus large de la religion, de la raison et de l'humanité, a pensé que, si personne ne se présentait, il pourrait essayer lui-même de porter cette question à la connaissance des amis de la Paix dans les différentes assemblées européennes.

C'est pour cela qu'il a prié son secrétaire de faire dans les capitales du continent le voyage dont il a été parlé. Il l'a fait, sans avoir et sans réclamer d'autre caractère que celui de membre du Parlement, et de représentant de notre Association. A Paris, à Bruxelles, à La Haye, à Berlin, à Munich, à Vienne et à Florence, il est entré en communication, autant qu'il l'a pu, avec les membres influents des diverses législatures, que l'on savait ou que l'on pensait favorables à ce projet. Sans entrer dans des détails qui donneraient à ce Rapport une longueur immodérée, nous pouvons dire en termes généraux que M. Richard a été reçu partout avec une très-grande courtoisie, et, de plus, avec l'expression d'un vif intérêt pour l'objet de sa mission, et dans bien des cas, avec la promesse positive d'un concours effectif.

MOTIONS PACIFIQUES SUR LE CONTINENT.

Les événements qui suivirent sa mission montrent bien qu'elle n'est pas demeurée sans résultat. Une semaine à peine après son départ de Berlin, le Dr Virchow, l'un des membres les plus distingués du Parlement prussien, annonçait qu'il ferait une motion en faveur du désarmement international : le 5 novembre, en effet, il faisait sa proposition, l'appuyait d'un discours très-remarquable, et après une discussion animée, obtenait en sa faveur les voix de quatre-vingt-dix-neuf membres. Ce n'est pas tout. Une autre partie considérable de la Chambre, qui reconnaît pour chef le Dr Lasker, déclarait ouvertement qu'elle acceptait le principe de la mesure, mais en contestait seulement l'opportunité: la législature ayant en effet fixé en 1867 le budget de la Confédération germanique du Nord pour cinq ans, ces membres ne se trouvaient pas libres de rien changer jusqu'à l'expiration de ce terme. Après 1871, disait le Dr Lasker dans son discours, les décisions de la Diète seront certainement conformes aux demandes du côté gauche de la Chambre, comme aux vœux du peuple allemand.

Peu de temps après que ces débats eurent eu lieu dans la Chambre de Berlin, MM. Schruck et

Wigard présentaient à la Chambre des représentants Saxons, à Dresde, une proposition ainsi formulée : « Qu'il plaise au gouvernement d'employer toute son influence auprès de la Confédération germanique du Nord, pour obtenir une réduction dans les dépenses militaires, et prendre des mesures en faveur d'un désarmement général. » Cette proposition fut approuvée par une grande majorité. Et le 22 janvier, dans la première Chambre de la diète saxonne, une motion en faveur du désarmement passa aussi à la majorité de 24 voix contre 21, en dépit des énergiques efforts des ministres.

La même idée a également pris racine en Autriche. Ainsi M. Figuly proposa une réduction de l'armée, qui devait amener une diminution du budget de 20 millions de florins. Ainsi encore, quand, le 23 mars, le budget de la guerre fut présenté à la Chambre basse, M. Mayerhoffer fit une motion tendant à demander au gouvernement d'effectuer de plus grandes économies encore, et d'agir auprès des puissances en vue d'un désarmement général. Cette motion fut appuyée par 53 membres, contre 64 qui la repoussèrent.

Dans le Wurtemberg il y a eu, il y a encore, une opposition contre le système militaire prussien que l'on cherche à imposer au pays. On a fait une protestation monstre contre cette mesure, et l'un de nos correspondants nous écrit : « On croit que la Chambre des députés recevra cette protestation, qui a réuni 200,000 signatures sur une population de 1,800,000 personnes. »

Dans la Bavière aussi, des pétitions contre la loi militaire ont été couvertes de signatures. M. Kolb, qui a publié il y a plus de dix ans un remarquable traité sur les armées permanentes, et que M. Richard a vu pendant sa visite dans ce pays, a proposé à la Chambre de réduire à 1,600,000 florins la somme de 2,000,000 florins que le ministre de la guerre demandait pour des dépenses spéciales, et de diminuer aussi considérablement la durée du service militaire.

Nulle part M. Richard n'a reçu des membres de la législature un accueil plus cordial qu'en Hollande. M. Jonckblaet, l'une des personnes avec lesquelles il a eu le plaisir de conférer sur l'objet de sa visite, lui a communiqué un document d'un singulier intérêt qui venait d'être présenté à la Chambre des représentants en Hollande. C'est le rapport d'un comité de cette Chambre chargé d'examiner les clauses additionnelles d'une convention passée entre les différents pays européens afin de mieux soigner les soldats blessés en temps de guerre.

Dans ce rapport, le comité dit : « Nous espérons que cette convention sera bientôt suivie par d'autres, dans lesquelles les parties contractantes s'engageront à abolir la guerre comme incompatible avec les principes du christianisme, incompatible avec les intérêts de leurs sujets, incompatible avec la civilisation et les idées de notre époque, incompatible avec les vœux pacifiques des nations; et que les dites parties contractantes soumettront les différends internationaux qui pourraient surgir à des arbitres impartiaux, dont les décisions seront considérées comme définitives. »

Dans la législature belge, la question du désarmement international a été introduite dans un discours d'une grande éloquence par M. Couvreur, qui depuis des années travaille à cette cause avec autant d'assiduité que de zèle.

On nous permettra de citer quelques passages de ce remarquable discours, où M. Couvreur exprime d'une manière frappante la nature du mouvement qui se produit dans plusieurs pays de l'Europe.

« Dans toutes les nations qui nous entourent, s'élève un cri général en faveur de la paix, une protestation contre les folies militaires. Par le fait, il se forme actuellement dans l'Europe entière, une conspiration sans exemple contre l'accroissement des dépenses militaires. Cette conspiration, qui a pour but le bien de l'humanité, a, depuis deux ans, étendu ses ramifications par toute l'Europe, et ses adhérents se préparent partout à battre en brèche le système militaire, à Berlin et à Paris, à Londres et à Vienne, à Pesth et à Florence.

« Et ces conspirateurs ne se recrutent pas au sein des sociétés secrètes.

« Non, ces conspirateurs sont assis sur les bancs des législatures européennes ; plusieurs d'entre eux sont, à ce titre, investis du droit d'établir les impôts, et leur cœur saigne quand, à côté de la misère du peuple, ils voient le travail qui s'arrête, le paupérisme qui s'accroît, et les millions qui s'en vont en forteresses, en canons et en armées permanentes. »

TRAVAUX DE LA PAIX EN FRANCE

A son retour de son voyage sur le continent, M. Richard a pu, grâce à l'intervention bienveillante des membres de la *Ligue de la Paix* de Paris, voir plusieurs membres distingués de l'Assemblée législative française, et leur expliquer la nature et les résultats de sa mission. Un de ces messieurs lui dit que les idées de paix et de désarmement ne s'étaient nulle part, plus qu'en France, emparées de l'esprit public. Pour le prouver, il ajouta que dans les élections générales qui ont eu lieu l'année dernière en mai et en juin, parmi les candidats qui aspiraient à l'honneur de représenter le parti libéral, il n'y en avait pas un qui ne fît entrer dans son programme la réduction des dépenses militaires, l'abolition des armées permanentes, ou qui ne demandât que le droit de paix et de guerre fut enlevé au pouvoir exécutif, et attribué à la représentation nationale elle-même. Si la question de désarmement n'a pas encore été soumise à l'Assemblée législative, cela tient aux circonstances exceptionnelles où la France s'est trouvée depuis six mois. Elle vient de passer du gouvernement personnel au gouvernement constitutionnel, et cette révolution, profonde quoique pacifique, a naturellement occupé l'attention de la législature et du pays, à l'exclusion momentanée de presque toutes les autres questions. Mais tous les témoignages tendent à prouver qu'un heureux et remarquable changement s'est opéré dans l'esprit français au sujet de la paix et de la guerre. Ce changement est dû sans aucun doute à des causes fort diverses. Mais sans aucun doute aussi, l'une des plus actives de ces causes est dans la propagande infatigable qu'a fait une Société sœur de la nôtre, la *Ligue internationale de la Paix* de Paris. Par ses excellentes et nombreuses publications; par l'influence moins visible mais non moins importante que ses membres ont eue sur la presse périodique; par les déclarations qu'ils ont provoquées de la part d'hommes éminents et qui ont retenti par toute la France et par toute l'Europe, celles par exemple du père Hyacinthe ; enfin et surtout par l'apostolat dévoué et persévérant de son admirable secrétaire, M. Frédéric Passy, qui n'a cessé d'employer sa parole et sa plume à faire passer ses convictions dans l'âme de ses concitoyens ; par tous ces moyens, en un mot, la Ligue a fait beaucoup, fait beaucoup encore, et fera beaucoup dans l'avenir, pour hâter, pour fortifier cette heureuse révolution morale, riche de tant de promesses pour la France, pour l'Europe et pour le monde. Le correspondant français d'un de nos journaux quotidiens, qui a résidé de longues années en France et étudié soigneusement les divers développements de la vie nationale dans ce pays, disait il y a quelques mois dans une de ses communications : « Pour quiconque connaît la France avec ses traditions et ses préjugés, sa fanfaronnade militaire si naïve et si enracinée, c'est chose presque incroyable que le changement qui s'opère : je voudrais engager tout Anglais qui s'intéresse à ce qui se passe sur le continent, à surveiller les progrès de la Ligue de la Paix, et plus encore, à les seconder s'il le peut. »

A ce propos, et en songeant à notre propre pays, le Comité constate avec joie et reconnaissance que le gouvernement de la Reine a réduit de cent millions de francs en deux ans les dépenses navales ou militaires ; toutefois il ne peut s'empêcher de regarder comme un scandale et une honte pour notre pays et pour notre époque le fait que des sommes immenses soient encore consacrées à des institutions semblables. Le Comité se fait un plaisir d'annoncer que, il y a plus d'un an, avant l'ouverture de la dernière session du Parlement, un membre très-considéré de la Chambre des communes a déclaré au secrétaire son intention de faire une motion tendant au désarmement. L'importance extrême de la question d'Irlande, qui a absorbé l'attention de l'Assemblée, l'a seule empêché de réaliser son intention. Mais le Comité espère que la session actuelle ne se passera pas sans qu'une occasion se produise de soumettre aux représentants de la nation un sujet qui ne le cède en importance à aucun de ceux qui peuvent occuper une législature chrétienne.

OUVRAGE DE M. LARROQUE SUR LES ARMEMENTS.

Il est une autre mesure, adoptée par le Comité, que nous pouvons mentionner parmi nos travaux de l'année dernière à l'étranger. Il y a dix-huit ans, les amis de la Paix dans ce pays offrirent quelques prix aux meilleurs Essais sur « les maux provenant des armées permanentes ». L'un de ces essais, auquel un prix fut attribué par le baron Bunsen et d'autres personnes, fut publié en français par son auteur, M. Larroque, en 1856. L'année dernière, il en a paru une troisième édition, complétée par des données statistiques et autres empruntées aux faits les plus récents. Le Comité a acquis cent exemplaires de cet ouvrage, et les a envoyés aux membres marquants des diverses législatures européennes, et aux rédacteurs de plusieurs journaux importants, dans l'espoir d'aider au mouvement produit dans tant de contrées, contre ces établissements guerriers qui pèsent comme un cauchemar sur le cœur des nations : nous sommes heureux de pouvoir dire que cet espoir n'a pas été entièrement déçu.

RELATIONS AVEC LES ÉTATS-UNIS.

Le Comité regrette profondément que toutes les questions pendantes entre ce pays et les États-Unis n'aient pas encore été résolues. On a été heureux d'apprendre qu'une dispute qui avait paru menaçante, celle qui provenait des réclamations contraires de la Compagnie de Hudson Bay et la Compagnie de Puget Sound, a été résolue de la manière la plus satisfaisante, par voie d'arbitrage. Cela prouve, disait le *Times*, en commentant cet heureux événement, « que les Américains et les Anglais *peuvent* s'élever au dessus de leurs préjugés nationaux pour trouver le moyen d'appliquer à leurs disputes internationales des principes communs d'équité. » Malheureusement, les différends les plus formidables qui règnent entre nous et nos cousins de l'autre côté de l'Océan, ceux qui ont pour origine leur guerre civile, demeurent encore ouverts. Peut-être était-il sage de ne pas essayer de brusquer un arrangement avant que les passions excitées par cette grande lutte fussent en partie calmées. Il y a cependant du danger à différer indéfiniment la solution d'une question qui implique de si vastes intérêts. Dans l'automne de cette année, l'*Alliance évangélique* va se réunir à New-York. L'objet particulier de cette institution est d'amener l'Union chrétienne internationale. Sans doute cette réunion comptera dans son sein des représentants de presque toutes les Églises protestantes dans tous les pays de la chrétienté. Ne pouvons-nous pas espérer qu'il y aura à cette occasion une manifestation si puissante de l'esprit d'amour et de paix du christianisme, qu'elle contribuera à faciliter la solution de cette dispute qui sépare les deux grandes branches de la race anglo-saxonne ? Est-ce trop d'espérer que ce Concile protestant œcuménique parviendra à proclamer une *Trève de Dieu*, avec tant de sérieux et d'autorité qu'il pourra influencer, par son action morale et religieuse, les délibérations des Parlements et les conseils des Cabinets ?

EFFORTS POUR LA PAIX EN AMÉRIQUE.

Le Comité a eu du plaisir à maintenir sa correspondance avec les amis de la Paix en Amérique, et en particulier à faciliter leurs travaux dans la littérature et dans la presse. Beaucoup des écrits que nous avons publiés ont été, comme les années précédentes, réimprimés par les différentes sociétés de la Paix existant aux États-Unis.

Les principales de ces Sociétés sont: l'Association de la Paix formée par la société des Amis, l'ancienne Société américaine de la Paix, et la Philadelphia, ou Société de la Paix universelle. Chacune de ces associations a pour organe un journal périodique, et toutes ont travaillé activement pendant l'année.

La société des Amis et l'Association de Boston ont particulièrement dirigé leurs opérations sur le *far West,* tandis que la Société Philadelphia s'est occupée avec ardeur et succès d'appeler l'attention du gouvernement des États-Unis sur la nécessité de traiter les Indiens rouges avec plus de bienveillance et de justice. C'est en réponse à des membres ou à des amis particuliers de cette Société, que le président Grant a décidé récemment de confier à des membres de la société des Amis *(les Quakers)* plusieurs agences indiennes importantes.

Les avocats de la Paix en Amérique n'ont pas été les derniers à signaler l'atroce massacre des Indiens Piegan ordonné par le général Sheridan; et l'on peut espérer que la réprobation dont sa conduite a été frappée par ces hommes influents préviendra le retour de pareils actes de barbarie.

Le Comité continue à recevoir d'Amérique de nombreuses preuves de la démoralisation sociale qu'a amenée la guerre civile ainsi que de l'augmentation du nombre des crimes. Il remarque d'autre part avec une grande satisfaction un fait qui montre qu'on surveille avec plus de soin et d'efficacité dans ce pays qu'en Angleterre les personnes ou les sociétés qui auraient un intérêt personnel au maintien des armements militaires. Il paraît en effet que le nombre des bâtiments de guerre de toute espèce qui, pendant la lutte, étaient d'environ 500, n'est plus aujourd'hui que de 80. Cependant aucune nation ne menace les États-Unis d'une invasion, et cette réduction n'implique pas pour le pays le moindre danger d'une atteinte portée à son honneur.

CONCLUSION.

Le Comité croit qu'il y a au dehors assez de symptômes favorables pour exciter nos espérances et stimuler nos efforts. Les amis de la Paix dans ce pays et ailleurs ne se font pas illusion sur la grandeur de l'entreprise dans laquelle ils sont engagés, ni sur la faiblesse comparative des moyens dont ils disposent pour attaquer la formidable coutume de la guerre, coutume qui a pour elle les préjugés du passé, l'éclat d'une gloire aussi éblouissante qu'illusoire, et de puissants intérêts. Mais ils croient que la cause de la Paix dispose également d'influences nombreuses et puissantes. Les exigences du commerce, de la sécurité, de la prospérité, de la moralité des nations, le cri de l'humanité, de la raison et de la conscience qui se réveillent chez tous, les prescriptions de la justice, l'autorité de l'Évangile, tout cela est de notre côté. Et quoique nous n'ayons, pour assaillir ce monstre qui élève si fièrement au dessus des peuples sa crête ensanglantée, d'autre arme que l'opinion chrétienne et éclairée, nous sentons que cette opinion ne sera pas hors d'état de soutenir la lutte. Que si l'on nous demande ce que peuvent des opinions contre des armées, nous répondrons par ces mémorables paroles que prononçait un jour Lord Palmerston : « Les opinions sont plus fortes que les armées. Si elles sont fondées sur la vérité et sur la justice, elles prévaudront à la fin sur les baïonnettes de l'infanterie, sur le feu de l'artillerie, et sur les charges de la cavalerie. »

A la suite de ce rapport vient le compte financier de la *Société de la Paix*.

Nous le reproduisons sans autre modification que la substitution des monnaies françaises aux monnaies anglaises, et en laissant à chacun le soin de faire les réflexions qu'appellent certains chiffres, comparés à ceux de notre trop modeste budget.

BILAN DE LA SOCIÉTÉ DE LA PAIX EN 1870.

Recettes.

Balance en mai 1869,	12,637 fr. 90 c.
Collecte à l'Assemblée annuelle,	271 fr. 25 c.
Souscriptions et dons,	66,733 fr. 20 c.
Traités et annonces,	1,918 fr. 60 c.
Cercles de la feuille d'olivier,	96 fr. 85 c.
Legs de M. Henry Sterry,	1,250 fr. »
Id. de Miss Rebecca Sturges,	250 fr. »
Total,	83,157 fr. 80 c.

Dépenses.

Herald of Peace, traités, impressions, annonces,	12,428 fr. 85 c.
Salaires, appointements,	19,273 fr. 10 c.
Loyer, chauffage, éclairage,	1,350 fr. 20 c.
Frais de poste, etc.,	2,425 fr. 65 c.
Frais de bureau,	1,029 fr. 25 c.
Voyages des agents, meetings,	35,616 fr. 25 c.
Agences à l'étranger,	3,570 fr. 60 c.
Total,	75,693 fr. 90 c.
Chez le banquier,	7,220 fr. 70 c.
En caisse,	243 fr. 20 c.
Somme égale,	83,157 fr. 80 c.

Vu et approuvé,

Charles WISE } Censeurs.
William HOLMER }

ASSEMBLÉE DE LA SOCIÉTÉ DE LA PAIX UNIVERSELLE DE NEW-YORK.

Nous empruntons au *New-York Times* les extraits suivants qui donneront une idée de cette assemblée et de l'esprit qui y a présidé (1).

La *Société universelle de la Paix* a célébré son 4e anniversaire à Dodsworth Hall, n° 812, Broadway. Elle a tenu sa première réunion le 26 mai à 3 h. de l'après-midi. M. Alfred H. Love, de Philadelphie, qui occupait le fauteuil, a ouvert la séance en invitant tous les amis de la paix universelle à continuer activement leurs travaux, et en prédisant que le triomphe devait inévitablement appartenir à leur cause, qui est celle de la vérité.

On lit d'abord des lettres de quelques amis de la paix, entre autres une de Henry C. Wright, de Boston, développant l'idée que la guerre est un

(1) La Société de la Paix universelle, *universal Peace Society*, a son siége principal à Philadelphie. Son président est M. Alfred H. Love, de cette ville. Elle a pour organe habituel le *Bond of Peace* (*le lien de la Paix*).

meurtre, que les armées sont des bandes de meurtriers, que les officiers sont des professeurs de meurtre, qu'une revue ou une profession militaire est une parade de meurtriers disciplinés.

Ce langage, approuvé par plusieurs comme étant l'expression énergique de la vérité, est combattu par madame Sarah F. Rogers comme excessif et comme peu chrétien.

M. Masquera, de Greenpoint, propose des résolutions qui recommandent une réforme dans le système territorial : si chaque chef de famille pouvait acquérir assez de terre pour nourrir lui et sa famille, ce seul changement ferait plus qu'aucune autre chose pour abolir la guerre.

Le président lit au nom du Comité exécutif les résolutions suivantes :

Considérant que nous sommes convaincus par l'histoire et par la révélation que la guerre est une perversion monstrueuse de la religion chrétienne, un système brutal, ruineux, asservissant, mortel;

Considérant que, par la foi en Dieu et en l'homme, à l'amour et au droit, on peut détruire cette iniquité, et amener les peuples chrétiens à pratiquer cette paix et cette bonne volonté qu'enseigne leur religion;

Résolu que nous annoncerons sans cesse les doctrines de paix promulguées par Jésus-Christ, et par les sages de tous les temps, et que nous ferons notre possible pour éloigner l'esprit, pour éviter les causes, et pour abolir les coutumes de la guerre;

Résolu que, l'histoire étant un grand maître, les livres d'école et de littérature doivent cesser de décrire les scènes de guerre comme les plus importantes, et les présenter plutôt comme la honte de l'espèce humaine, utiles seulement à nous faire connaître pour les corriger les erreurs du passé;

Considérant que l'établissement de la paix suppose certaines conditions, les enfants doivent recevoir une meilleure éducation, qui les forme aux plus nobles vertus de la paix; et comme les institutions militaires nuisent à la paix et tendent à démoraliser les peuples, on devrait les supprimer pour les empêcher de perpétuer l'esprit guerrier.

Résolu que nous trouvons dans les fils du télégraphe électrique et dans les rails du chemin de fer, les liens d'une paix qui doit unir tous les peuples ; que les opprimés doivent être élevés à la hauteur des citoyens, jusqu'à ce que nul être humain ne puisse dire: « la loi vous donne des droits qu'elle me refuse à moi »;

Résolu que l'invitation faite par le président Grant à des amis de la paix bien connus, de lui prêter leur concours comme surintendants chez nos frères Indiens, prouve que la paix a ses victoires, plus belles que celles de la guerre ; que ce plan du président forme un contraste frappant avec l'indigne politique du département militaire dans le brutal massacre des Piegans ; nous espérons que tous les amis de la paix soutiendront le président dans ses efforts, jusqu'à ce que tous les Indiens trouvent une protection qui sauvegarde tous leurs droits, et leur permette d'entrer, comme citoyens, en possession de tous les avantages de notre civilisation.

Résolu que, combattant non les hommes, mais leurs erreurs, admettant qu'ils peuvent être de bonne foi dans leur approbation de la guerre, nous leur représenterons sans aigreur ce fait, que la vie du soldat implique des actes contre lesquels tout cœur d'homme se révolterait en dehors des prétendues obligations militaires, et que les grands massacreurs de leurs semblables ne sont des héros ni aux yeux du Nouveau Testament, ni aux yeux du sens commun;

Résolu que nous faisons appel aux travailleurs de toutes les nations pour rejeter cette servitude qui use leurs forces, attriste leurs foyers et les oblige à commettre des crimes ; en effet, ils endurent les maux de la guerre, ils paient les frais qu'elle occasionne, et si par conscience ils refusaient soit d'entrer dans l'armée soit de payer les taxes militaires, la guerre deviendrait impossible ;

Résolu que la politique de désarmement qui se

propage et les propositions de réduction des armées permettent d'espérer qu'on aura recours à l'arbitrage pour éviter les guerres ; qu'il faut résoudre les difficultés à l'amiable avant qu'on ait sacrifié des existences, mutilé des hommes, ravagé les campagnes et accablé les peuples d'impôts ; qu'en conséquence nous enverrons la pétition suivante à tous les gouvernements du monde :

« Honorables amis, à qui nos cœurs sont unis par les liens sacrés de l'humanité, par le respect que nous professons tous pour le bien et le bonheur de tous les hommes:

« L'*Union de la paix universelle*, composée d'hommes et de femmes sincères dans toutes les parties du monde, et représentée en ce mois de mai 1870 en Amérique, à New-York, à l'occasion de son quatrième anniversaire, vous demande un moment d'attention en faveur de la sérieuse et solennelle pétition qu'elle vous adresse, tendante à un désarmement immédiat et général, à l'institution d'un arbitrage qui résoudrait les difficultés, sans que l'on recourût jamais aux armes.

« Les arguments ne manquent pas pour vous prouver quels trésors d'existences , de forces et de richesses le système militaire et le recours aux armes dérobent aux individus comme aux nations, de quels coups mortels ils frappent leur prospérité et leur bonheur. C'est une erreur triste, longue, déplorable. La sagesse et l'humanité ne doivent pas oublier qu'il y a sous les armes au moins quinze millions d'êtres humains qui vivent du trésor public, et qui, s'ils étaient à travailler, seraient producteurs de richesses et ajouteraient à la force et à la sécurité des nations.

« Examinons donc avec calme quelques questions. N'aurions-nous pas tous plus de sécurité sans ces armées qu'avec elles ? En les supprimant, n'avancerions-nous pas la civilisation et le bonheur dans nos pays respectifs ? N'aurions-nous pas plus de temps à consacrer à l'éducation, au commerce, à la philanthropie, à la religion ? Ne serions-nous pas tous plus rapprochés les uns des autres, et disposés à régler sur le terrain de l'équité, de la fraternité et de l'amour, les différends qui pourraient survenir entre nous ? Ces différends ne pourraient-ils pas être apaisés avant que l'on en soit venu à sacrifier des vies humaines, à détruire des valeurs, à attrister les familles, à épuiser les trésors ? Le temps actuel n'est-il pas propice à ce changement, ce temps où les télégraphes et les chemins de fer nous unissent tous ensemble comme les enfants du Père universel, où nous sentons pour ainsi dire nos cœurs battre des mêmes pulsations, goutant les mêmes joies et souffrant des mêmes peines ? Unissons-nous donc dans des tentatives d'arbitrage, et donnons à ce quart de notre siècle un degré de justice plus élevé, car c'est la justice qui élève les nations. Remplis de cet esprit de patriotisme international qui s'étend à toutes les nations de la terre, nous vous conjurons d'examiner notre proposition avec soin, dans un esprit de prière, et de la présenter à ceux qui sont au pouvoir et à vos concitoyens sous la forme que vous jugerez la plus convenable. Nous vous prions de nous donner une réponse avant la fin de cette année, afin que nous puissions à notre prochain anniversaire mentionner quelque résultat encourageant de votre grande œuvre. Animés des plus hautes espérances, à cause de notre inaltérable foi en la justice, nous nous disons vos humbles et dévoués serviteurs, travaillant à corriger l'esprit, à éloigner les causes, à abolir les coutumes de la guerre, et à établir ce code de confiance mutuelle, d'amour et d'intérêt réciproques, qui finira par établir la paix perpétuelle. »

Résolu que, la constitution des États-Unis renfermant des dispositions qui tendent à perpétuer la guerre, nous proposerons au peuple et au gouvernement américain de les rapporter, en remplaçant les clauses qui prévoient la guerre par des clauses nouvelles se rapportant à un tribunal d'arbitrage ;

Résolu que la mort de notre excellent ami et

collaborateur Dr Geo. C. Becksvith a privé la cause de la paix d'un de ses agents les plus dévoués et les plus chers : que, tout en sympathisant vivement avec sa famille et ses amis dans leur deuil, nous sommes assurés qu'il a reçu de son maître cette parole: « cela va bien, bon et fidèle serviteur » et que son noble exemple nous reste comme un appel à nous consacrer tout de nouveau à la sainte cause de la paix.

La réunion est suspendue, pour reprendre le soir à 7 heures et demie.

Le même journal rend compte de cette séance du soir « à la 8e page », mais cette 8e page nous fait défaut.

DEUXIÈME JOUR.

La session du second jour fut ouverte le lendemain matin à dix heures par une courte allocution du président qui fit remarquer que le meilleur moyen d'amener le règne de la paix et de la justice était de rendre impopulaires la guerre et la profession militaire, et de répandre les principes défendus par *Ollivier*.

Après cela, Lydia Schofield lut un poème de Content Whipple ; puis le professeur Wilcox de Washington fit remarquer que jamais la société n'avait été plus utile que dans les circonstances actuelles, où tant de spéculateurs s'efforçaient de pousser à la guerre pour remplir leurs poches. L'insécurité règne partout. L'Europe est près de faire banqueroute, sous le poids de dettes militaires qu'elle ne peut pas payer.

On lut ensuite des lettres de Frédéric Passy, d'Edmond Potonié et de M. Sautallier de France.

Après la nomination du Comité, on adopta les *résolutions* précédemment lues, en y ajoutant les suivantes :

Résolu que nous recommandons à tous de désobéir aux ordres qui leur imposeraient le service militaire et le métier de tueurs d'hommes: dans ce cas, désobéir au gouvernement c'est obéir à l'humanité, et ce droit appartient non pas aux Quakers seulement, mais à tous les hommes.

Résolu que nous dénonçons la proposition actuellement soumise au Sénat des États-Unis de recourir aux armes pour supprimer la polygamie dans l'Utah : cette proposition est contraire à la liberté religieuse, nuisible au chemin de fer du Pacifique, et faite pour enrichir des spéculateurs : que l'Amérique est dans des circonstances particulièrement favorables pour prendre l'initiative du désarmement, et qu'en conséquence nous demanderons qu'elle supprime le plus tôt possible sa marine et son armée.

Après quelques discours, la séance est levée pour

reprendre à deux heures et demie de l'après-midi. Dans cette dernière séance, moins nombreuse, on propose d'autres résolutions, qui sont renvoyées à l'examen d'un Comité.

La séance est terminée par une fervente invocation au Dieu de Paix prononcée par madame Rogers.

LE MILITARISME, PRINCIPALE CAUSE DE LA MISÈRE DES PEUPLES ; ET L'UNION EUROPÉENNE, REMÈDE UNIQUE DE LA MALADIE DES ARMÉES PERMANENTES.

Notre vieille Europe a l'air bien malade. A voir les efforts qu'ont à faire chaque jour ses princes pour en maintenir ensemble les morceaux, il faut croire que l'unité n'en est pas précisément la loi. A la rigueur, nous pourrions nous émouvoir médiocrement de ces agitations et de ces tracas des souverains, et tout au plus éprouver au fond de nos cœurs une sincère pitié pour ces survivants d'un autre âge, qui s'épuisent à vivre dans le passé : mais leurs fautes, qui les paie ? Horace l'a dit : « les rois se battent sur le dos des peuples » ; et ces peuples, c'est nous.

Il est temps que cela finisse. Il est temps de regarder le mal en face et de nous demander quel est son nom. Il en a deux : *armées permanentes* et *impôts exorbitants*. En médecine, cela s'appelle un *cancer*.....

Les nations veulent-elles la guerre? ne sont-elles pas au contraire toutes à l'industrie et au commerce, et connaissent-elles encore les frontières autrement que comme des lignes de douane qui font obstacle à la circulation ? Et les idées, est-ce qu'elles ont une patrie ? Est-ce qu'elles ne pénètreraient pas en contrebande, en dépit de tout, ces idées de paix et de concorde, qui sont la vie civile de l'Europe, et sans lesquelles, dans notre siècle, il n'est plus possible d'être un homme de bien ? Et les princes eux-mêmes, si mal qu'on les puisse juger, est-ce qu'ils ont soif de sang ? Ce ne sont point des cannibales, et le Dahomey est bien loin.

Non, ce n'est pas par goût pour les massacres que nous les voyons s'entourer d'un appareil si formidable. Il faut chercher plus loin la cause de cette dangereuse manie. Cherchons donc.

Peut-être, me direz-vous, est-ce qu'ils aiment les uniformes, les chevaux et les soldats. Soit. Sans doute, il est fort beau de passer une revue dans une prairie, au soleil de juillet; mais cependant, s'il ne s'agissait que de jouer aux soldats, ce serait un plaisir bien coûteux, et l'on ne peut guère admettre que nos jeunes gens ne soient, aux yeux de nos gouvernants, que des gladiateurs honorés de la charge de désennuyer par leurs exploits quelque royal désœuvré.

Non, la cause du militarisme est ailleurs et plus

profonde. Les souverains savent, tout aussi bien que nous, que les peuples pourraient parfaitement vivre sans armées et qu'ils n'ont aucune envie de s'entr'égorger. Mais sans armes et sans armées, ils en ont trop la conviction, leur empire serait fragile et leur pouvoir compromis. Combien y en a-t-il, en effet, parmi eux, qui ne veuillent que ce que veulent leurs peuples et soient loyalement décidés à se soumettre en tout à la volonté du grand nombre ? Combien d'entre eux accepteraient sans arrière-pensée le rôle de premier fonctionnaire de leur royaume? Autre est leur pensée; et leur langage est toujours la vieille formule: « je le veux, je l'ordonne, et la raison, c'est ma loi ! » Tant que les princes en seront là, tant qu'ils fonderont sur autre chose que sur le libre assentiment des peuples la solidité de leurs trônes, tant qu'ils voudront gouverner des êtres raisonnables par d'autres moyens que par la raison, tant que la violence et la sottise seront les bases les plus fermes de leur pouvoir, comment s'étonner que l'intelligence et la force morale soient estimées pour rien, et que l'art de gouverner les peuples soit identifié logiquement avec l'*École du soldat ?*

La guerre, c'est le droit du plus fort. La guerre, c'est la prédominance de l'injustice sur la justice. Dans l'histoire cela s'appelle la barbarie ; dans le langage moderne, cela s'appelle le droit de conquête.

La guerre est nécessaire, nous dit-on ; c'est un mal nécessaire. Comme s'il y avait des maux nécessaires ; comme si nous n'avions pas fait justice depuis longtemps de tous ces sophismes surannés.

A une époque où l'influence, toujours grandissante de l'intelligence, tend à élever chez les individus le niveau du bien-être et de la dignité humaine, la vie militaire, bien loin de contribuer à ce mouvement, ne tend qu'à le contrarier ; et les habitudes de la caserne ne sont faites que pour épuiser, énerver et démoraliser les nations.

Le paupérisme, la souffrance des masses, la tyrannie de l'argent avec la corruption qui en est l'inévitable conséquence, voilà les suites naturelles de ce système grossièrement brutal. Tandis que le poids écrasant des impôts paralyse les forces vives et productrices, l'agiotage, ce dieu du jour, et les tripotages honteux de la Bourse détournent de leur direction les fruits du travail, absorbent la sueur et le sang même des peuples, et finissent par tout concentrer entre les mains des gouvernements.

Eh bien, que les gouvernements européens persévèrent dans cette ligne de conduite, et nous aboutirons à une barbarie telle que l'Europe n'en connut jamais, même dans ses plus mauvais jours. Au Bas-Empire, au milieu de la corruption la plus effrénée, et jusque sous l'épée des prétoriens, les dons de l'esprit, les vertus civiques étaient encore comptés pour quelque chose, et l'on ne calculait pas la valeur d'un homme uniquement sur son revenu et l'ampleur de son coffre-fort. Au moyen âge encore, les vertus civiques et chevaleresques étaient en honneur ; l'hospitalité était sacrée ; le penseur et le poëte se voyaient entourés d'hommages. Mais dans la période sauvage dont nous sommes sur le point de passer la frontière, il n'y aura plus de science, plus d'activité honorable, plus de droit, plus de vertu ; l'argent et le canon, voilà la monnaie courante, avec laquelle on achète tout le reste. Et plus on soutire d'argent au pauvre peuple, plus on lui rend difficile, impossible même, de gagner sa vie par des moyens honnêtes, et plus le prolétariat est prompt à s'agenouiller devant ces idoles d'or, plus il montre d'empressement à se laisser pétrir en chair à canon, plus il se laisse ensorceler par les prestiges de cette prévoyance paternelle qui fait tout pour le bien-être du soldat, plus il est dupe de cette philanthropie nouvelle qui crée pour lui des casernes et des maisons d'invalides. Henri Heine voyait venir ce temps, lorsqu'il conseillait à ceux qui n'ont rien de se faire enterrer au plus tôt;

Le droit de vivre, pauvres gueux,
N'appartient qu'aux bienheureux !

Parlez-moi, après cela, de nos luttes politiques, de nos querelles bysantines ! feu de paille que tout cela ! Il faudra un bien autre incendie pour purifier l'atmosphère des miasmes qui l'empestent. On la purifiera pourtant, et il faudra bien que tout cela change, le jour où tous les hommes de cœur et d'intelligence se rangeront en bataille contre l'armée des idolâtres dont le tomahawk de l'Iroquois et le casque à paratonnerre du grenadier prussien sont les fétiches par excellence. Non, cette barbarie moderne, on ne peut plus longtemps attendre pour lui déclarer la guerre, mais la guerre par la plume. Fondez, fondeurs, les balles nouvelles, les lettres d'imprimerie, projectiles coniques de la vérité ; et nous, sainte milice de l'avenir, serrons nos rangs et préparons-nous au dernier combat.

Mais jusqu'ici tous les efforts des amis de la paix ont échoué. Pourquoi cela ? parce que l'on se cramponnait avec obstination au seul moyen, disait-on, d'établir la paix universelle, à la République.

C'était faire appel aux armes ; car enfin les souverains de l'Europe sont fiers ; ils sont armés; croit-on qu'ils se laissent sans défense traîner aux gémonies ? Et voilà, pour établir la paix, une nouvelle guerre commencée, et de nouveau le droit du plus fort invoqué en faveur de la justice ! Ah ! pour le coup c'en est trop et ce serait étrangement user de cette homœopathie morale qui consiste à guérir un mal en le rendant pire encore : *similia similibus !*

Et puis, faire appel à la force, qu'est-ce autre chose que reconnaître le droit de la force ? Et faire appel à la force brutale, quand on est la force soi-même, mais la force morale, n'est-ce pas déclarer qu'on est la faiblesse ? La force brutale, c'est le règne animal ; et l'homme intelligent n'a-t-il pas dans sa dignité humaine un assez solide préservatif contre les atteintes d'une violence qu'on voudrait en vain l'inviter à faire sienne ? Et d'autre part, ce qui est bon à dire aux princes, n'est-il pas bon à conseiller aussi aux peuples ? Si la révolution doit venir, soit, qu'elle vienne, mais digne d'elle-même, et digne de nous ! Que notre mot d'ordre soit donc et qu'il demeure : « violence, jamais ; justice, vérité, humanité, toujours ! »

En vérité, quand je les entends, ces politiques qui ne veulent pas de la paix avant d'avoir la république, il me souvient de ce gamin de mon village qui voulait avoir le paradis sur la terre, mais qui n'y voulait entrer qu'en bonnet rouge. Qu'on me donne la paix et qu'on m'ôte les armées permanentes ; et alors je ne demanderai plus si j'ai la république ou si j'ai un ministère responsable, car sous une dénomination ou sous une autre, j'aurai ce qui m'importe, la justice et la liberté.

Plein de ces idées, l'auteur de ces lignes, après quelques appels lancés dans les journaux de son pays, a constitué à Dresde, le 16 septembre de l'année 1869, l'*Union Européenne,* dont le siége est dans cette ville, et à laquelle se sont affiliés aussitôt plusieurs comités auxiliaires. Le but de cette société est indiqué par l'article premier de nos statuts : c'est d'amener par toutes les formes de publicité, par toutes les manifestations de l'opinion publique, par des réunions populaires, par la presse, par des pétitions aux gouvernements et aux parlements de l'Europe, la fondation d'une *Union Européenne*, sans atteinte aux dynasties actuellement régnantes, sûr moyen de détruire les armées permanentes et de rayer le budget de la guerre du cadre des impôts.

Avant qu'il soit 1875, notre but peut être atteint si les peuples de l'Europe savent faire entendre leur voix haut et ferme, s'ils marchent avec ensemble à notre suite, et avec nous s'élancent vers le but, qui est celui de tous. Eh quoi ! l'Europe, l'Europe *civilisée,* comme elle s'appelle, resterait en arrière des planteurs du Nouveau-Monde, et l'arme au pied, sans un regard d'envie, nous pourrions contempler les États-Unis d'Amérique, sans chercher à avoir nous aussi nos États-Unis d'Europe ? Et qui donc nous en pourrait ravir le droit ? Sont-ce les princes, les gouvernements, de quelque nom qu'ils s'appellent ? Mais vraiment, ceux qui sauront marcher en tête de la civilisation et du siècle, ou seulement en suivre le mouvement, qu'ont-ils plus longtemps besoin de baïonnettes ? Le siècle ne sera-t-il pas avec eux et pour eux ? Et insensé, au contraire, qui voudrait marcher à l'encontre du mouvement des peuples ! Arrête-t-on la marée qui monte ? Et quel individu, quel monarque irait, seul contre tous, rompre l'accord et s'opposer à la paix universelle ? Mais qu'on l'entende et qu'on le sache si les gouvernements ne veulent pas, pendant qu'il en est temps, faire de notre idée la leur, et de notre union leur union, alors il faudra désespérer. De qui ?... de nous ? à Dieu ne plaise, mais de ces aveugles ! Alors, puisqu'ils l'auront voulu, s'il faut les changer, on les changera ; s'ils n'ont pas su vivre, pourquoi occupent-ils la terre inutilement ? En deux mots, pour eux le choix est simple, il s'agit d'être ou de ne pas être. *To be or not to be* : c'est leur affaire et nul ne les force. On leur dit seulement qu'on n'a jamais prévalu contre son temps.

Quant à nous, maintenant, si nous voulons atteindre notre but, non pas dans la suite des siècles mais demain, sachons, et ne nous lassons pas de le redire, qu'il faut que tous les peuples d'Europe, tous ensemble et d'une commune voix, témoignent de leur sympathie pour notre cause. Jusqu'à présent, les peuples ont eux-mêmes forgé leurs chaînes et donné libéralement pour la guerre, je veux dire pour leur propre destruction, et leur argent et leurs enfants. Seule la proclamation unanime et retentissante de leur bienveillance réciproque et de leurs dispositions pacifiques peut leur rendre leurs enfants, préserver leur avoir, centupler leur bien-être. Nous voulons être un peuple de frères, telle doit être désormais la devise de toute l'Europe, et l'Europe deviendra le séjour d'une paix inviolable. Peur et autorité, ces deux mots doivent disparaître de la religion comme de la politique. Levons-nous tous, et de ces préoccupations mesquines de la vie de tous les jours passons à des préoccupations plus élevées : assurons à l'avenir, non pas le pain du corps seulement, mais le pain sacré de l'intelligence. C'est alors que la paix, pour employer l'image biblique, descendra du ciel sur la terre, comme une manne bienfaisante.

Alors tous ces milliards, que l'on consume aujourd'hui au service de la paix armée, c'est à l'instruction populaire, c'est au bien-être des peuples, c'est aux intérêts de la paix véritable qu'ils seront consacrés. Alors, au lieu de rêver à de nouveaux engins de destruction, on cherchera et on trouvera, soyons-en sûrs, les moyens de faciliter aux hommes le dur combat de l'existence, et de conduire plus rapidement l'humanité vers le magnifique idéal qui lui est proposé. Alors les forces vives du travail, qui sont aujourd'hui en friche ou en pourriture dans les casernes, ces masses puissantes qui coûtent au lieu de produire et nuisent au lieu de servir, dégagées et mises en œuvre, seront employées à rendre plus heureux le sort de tous et à augmenter le bien-être. Alors on saura faire jaillir de la terre des sources vivifiantes, qui porteront partout la vie, la vie à bon marché, la vie pour tous ! Au lieu de casernes, on bâtira des demeures pour l'ouvrier, et l'ouvrier aura enfin partout une habitation saine et véritablement digne de l'homme. Alors, en un mot, à la place du paupérisme et de la misère, conséquences inévitables de la guerre et surtout de la paix armée, nous aurons une paix véritable, qui fera pénétrer dans les mœurs la tranquillité et le bonheur. L'émancipation de l'esprit humain, enfin libéré du joug de la grossièreté brutale et de l'obéissance servile, le relèvement intellectuel de l'humanité ne dateront que du jour où la guerre sera devenue impossible. Car ce n'est que ce jour-là que ces grands mots : culture intellectuelle, civilisation, dignité humaine, morale, humanité, deviendront pour nous, au lieu de mots qu'ils étaient, des réalités.

A l'œuvre donc, ouvriers de l'avenir, et fondons, multiplions partout en Europe nos unions pacifiques. Qu'autour de celles qui existent déjà se groupe une vaillante armée ! N'est-ce pas la plus belle récompense que nous puissions proposer à nos efforts ? Et surtout ne nous laissons pas endormir par cette pensée que l'heure du triomphe n'a pas encore sonné. Il est toujours temps, et le triomphe est toujours possible, quand on est prêt à combattre et décidé à vaincre.

Docteur LOEWENTHAL.

POST-SCRIPTUM.

L'épreuve des dernières pages de ce volume était en route le 2 septembre 1870. Nous la retrouvons, avec le reste, parmi d'autres épaves, en juillet 1871; et nous ne faisons, malgré la différence des temps, que lui signer à nouveau son passeport. Telles la guerre, dans ses premiers désastres, a saisi ces feuilles, composées avant elle et contre elle, telles et sans changement aucun nous les reprenons après les suprêmes convulsions de la guerre et plus que jamais contre elle. De ce qui s'est passé dans l'intervalle, depuis le jour néfaste où, pour emprunter l'expression du Dr Lœwenthal, nous avons « *passé la frontière de la période sauvage* » vainement signalée par nos avertissements trop clairvoyants ; — de ce que nous avons fait, ou tenté, nos amis et nous, en France et hors de France, avant, pendant et après la lutte ; — de ce qui reste à faire, surtout, si nous ne voulons pas assister à la ruine matérielle et morale de l'Europe, et de ce que nous essaierons de faire; — il y aurait trop à dire et nous ne voulons ni allonger ni retarder davantage ce volume déjà tant retardé. Nos fidèles, si, comme nous avons lieu de le croire, nous en comptons encore, sont en droit d'attendre de nous, dans des circonstances nouvelles, de nouvelles communications ; c'est avec ces explications, et à leur appui, que leur seront fournis les documents, devenus trop nombreux, hélas ! par les premiers desquels nous espérions, il y a un an, clore sans autre délai cette publication.

30 juillet 1871.

F. P.

TABLE DES MATIÈRES

Abbeville. — Imprimerie Briez, C. Paillart et Retaux.

La Ligue internationale de la Paix a pour but exclusif la propagation des idées indiquées dans sa déclaration précédemment publiée (*V. au verso du titre*).

Sa durée est indéfinie.

Elle admet dans son sein, *sans distinction de race, de couleur ou de sexe, sans exception de parti ou de religion,* toutes personnes qui acceptent son programme et se sentent disposées à en seconder la réalisation.

La Ligue se compose : 1° de *Fondateurs ;* 2° de *Sociétaires ;* 3° d'*Adhérents.*

Le titre de Fondateurs est acquis aux membres actuels du Comité et à tous ceux qui dans le cours de la présente année auront versé une somme une fois payée de Cent francs au moins.

Les Sociétaires doivent une cotisation annuelle de Cinq francs. Cette cotisation n'est plus exigible si, avant l'ouverture d'une année nouvelle, le Sociétaire a déclaré renoncer à ce titre.

Les adhérents ne sont astreints à aucune obligation. Ils donnent, avec leurs noms, leur concours à l'œuvre commune, dans la mesure de leurs forces ; et la soutiennent, s'ils le jugent à propos, par leurs offrandes. Tous les dons volontaires jusqu'aux plus minimes sont reçus avec une égale reconnaissance, et inscrits sur la liste générale des Membres.

Les Sociétaires et Fondateurs ont droit :

1° A un compte-rendu annuel de la situation financière et morale de la Ligue. — 2° A toutes les publications faites par elle ou en son nom. — 3° A une carte d'admission aux assemblées générales, conférences, lectures ou réunions organisées par la Ligue. Ils sont appelés à élire le Conseil d'administration central et convoqués spécialement à cet effet chaque année.

La Ligue est représentée et administrée par un Conseil supérieur ou *Comité international,* siégeant quant à présent à Paris ; et par des *Comités nationaux,* formés sous les mêmes inspirations que le Comité central, dans les diverses contrées de l'Europe. Le Comité international est élu, à la majorité des suffrages exprimés, par les Sociétaires. Il désigne lui-même son bureau et fait son règlement intérieur. Cette élection a lieu, chaque année, vers le 30 mai, date anniversaire de la déclaration collective qui a constitué la Ligue.

Abbeville. — Imprimerie Briez, C. Paillart et Retaux.

www.ingramcontent.com/pod-product-compliance
Ingram Content Group UK Ltd.
Pitfield, Milton Keynes, MK11 3LW, UK
UKHW020605180726
13838UKWH00001B/432

9 782329 361932